O CURRÍCULO COMO FETICHE
A POÉTICA E A POLÍTICA DO TEXTO CURRICULAR

Tomaz Tadeu da Silva

O currículo como fetiche
A poética e a política do texto curricular

1ª edição
4ª reimpressão

autêntica

Copyright © 1999 Tomaz Tadeu da Silva

CAPA
Jairo Alvarenga Fonseca
sobre imagens de esculturas africanas

EDITORAÇÃO ELETRÔNICA
Waldênia Alvarenga Santos Ataíde

REVISÃO
Alexandra Costa da Fonseca

Todos os direitos reservados pela Autêntica Editora. Nenhuma parte desta publicação poderá ser reproduzida, seja por meios mecânicos, eletrônicos, seja via cópia xerográfica, sem a autorização prévia da Editora.

AUTÊNTICA EDITORA LTDA.
Rua Aimorés, 981, 8° andar. Funcionários
30140-071. Belo Horizonte. MG
Tel.: (55 31) 3222 6819
Televendas: 0800 283 13 22
www.autenticaeditora.com.br

S586c	Silva, Tomaz Tadeu da O currículo como fetiche : a poética e a política do texto curricular / Tomaz Tadeu da Silva. — 1ed., 4. reimp.— Belo Horizonte: Autêntica, 2010. 120p. ISBN 85-86583-54-5 1. Educação 2. Currículo escolar. I. Título CDU 37 371.214

Sumário

O currículo como prática de significação   07

O currículo como representação   31

O currículo como fetiche   71

Referências   111

O CURRÍCULO COMO PRÁTICA DE SIGNIFICAÇÃO

A nós, sobreviventes nesses anos que antecedem o início de um novo século, nos coube viver num tempo ambíguo, num tempo paradoxal. Vivemos num tempo em que vemos nossas capacidades ampliadas e intensificadas, em que, potencialmente, se estendem nossas possibilidades vitais: de conhecimento, de comunicação, de movimento, de diminuição da dor e de aumento do prazer, de sustentação da vida. Estamos bem no meio de uma época em que nos tornamos capazes de alterar profundamente até mesmo as noções de tempo e de espaço, numa época em que praticamente se torna realidade a ficção da junção entre ser humano e máquina, numa época de ciborgues (Haraway). Vivemos num mundo social onde novas identidades culturais e sociais emergem, se afirmam, apagando fronteiras, transgredindo proibições e tabus identitários, num tempo de deliciosos cruzamentos de fronteiras, de um fascinante processo de hibridização de identidades. É um privilégio, uma dádiva, uma alegria, viver num tempo como esse, num tempo assim...

Paradoxalmente, vivemos, entretanto, também num tempo de desespero e dor, de sofrimento e miséria, de tragédia e violência, de anulação e negação das capacidades humanas. Vivemos também num tempo em que vemos aumentadas as possibilidades de exploração e de dominação dos seres humanos, em que um número cada vez maior de pessoas vêem, cada vez mais, diminuídas suas possibilidades de desenvolvimento, de extensão de suas virtualidades especificamente humanas. Estamos também bem no meio de uma época em que vemos aumentar à nossa volta o perímetro e o espaço da destituição, da exclusão e da privação, da exploração do outro e da terra, em que as possibilidades de fruição dos prazeres e das alegrias da vida e do mundo se vêem intensamente ampliadas para uma parcela da humanidade, ao mesmo tempo que se fecham definitiva e impiedosamente para outra, os "condenados da terra" (Fanon). Vivemos num tempo de afirmação da identidade hegemônica do sujeito otimizador do mercado, num mundo onde zelosos guarda-fronteiras tentam conter a emergência de novas e de renovadas identidades e coibir a livre circulação entre territórios — os geográficos e os simbólicos. É uma desgraça, é uma danação, é uma tristeza, viver num tempo como esse, num tempo assim...

É num tempo como esse que nós, educadores e educadoras (pós)críticos/as, nos vemos moralmente obrigados, mais do que nunca, a fazer perguntas cruciais, vitais, sobre nosso ofício e nosso papel, sobre nosso trabalho e nossa responsabilidade. A doxa triunfante, o pensamento único, o consenso fabricado fecham o campo da significação, restringem as alternativas, apagam a memória, negam o passado, reificam o presente e seqüestram o futuro. O trabalho de significação entra em curto-circuito, se encerra numa trajetória circular para repetir incessantemente, indefinidamente, que não há salvação fora do movimento da mercadoria, que o funcionamento da "boa" sociedade é homólogo ao bom funcionamento do mercado, que a identidade pública da esfera da cidadania se confunde com a identidade privada da esfera do consumo. O trabalho de educação, por sua vez, nesse processo de fixação e de naturalização do sentido, reduz-se, numa projeção idealizada, ao da produção dualista de dois tipos de sujeito. De um lado, a produção do sujeito otimizador do mercado, do indivíduo triunfante e predador da nova "ordem" mundial. De outro, a produção da grande massa que vai sofrer o presente em desespero e contemplar sem esperança o futuro nos empregos monótonos e repetitivos das cadeias de *fast-food* ou nas filas do desemprego. Os mestres pensadores oficiais e oficialistas, instalados nos escritórios governamentais, nos institutos de pesquisa, na mídia, na academia, entregam-nos pronto e embalado o sentido e o significado do social, do político e do educativo: é o pensamento *prêt-à-porter*. Como num catecismo, temos as perguntas e também as respostas. Os problemas? Os gastos sociais, os obstáculos ao crescimento do mercado, o papel regulador do Estado. Os culpados? Os servidores públicos, os movimentos sociais, os pobres. As soluções? A flexibilização do mercado de trabalho, a desregulamentação, a competitividade, a adaptação à "nova ordem mundial" e à globalização.

Entretanto, o social, o político, o educativo podem ser outra coisa, podem adquirir outros significados e outros sentidos; podemos não apenas dar outras respostas às perguntas mas até mesmo, e talvez principalmente, fazer outras perguntas, definir os problemas de uma outra forma. É nossa tarefa e nosso trabalho, como educadores e educadoras críticos/as, abrir o campo do social e do político para a produtividade e a polissemia, para a ambigüidade e a indeterminação, para a multiplicidade e a disseminação do processo de significação e de produção de sentido. Os mestres pensadores da metafísica econômica querem reduzir o espaço do político e do social às escolhas permitidas pelo mercado; nós queremos, em troca, ampliar o espaço público e o do debate coletivo sobre o que significa uma "boa" sociedade e quais as melhores maneiras de alcançá-la. Os mestres pensadores da "nova" metafísica educacional, os educadores e as educadoras do poder, os de sempre e os convertidos, querem circunscrever o conhecimento e o currículo a

míticos valores do passado ou a "modernos" imperativos econômicos; nós queremos, em contraposição, colocar em questão aqueles valores e aqueles imperativos.

O PROJETO CRÍTICO

É nesse contexto que se situa a questão da renovação e da ampliação da tradição crítica em educação. No centro dessa tradição crítica esteve sempre uma preocupação com questões de currículo. A tradição crítica compreendeu, há muito, que o currículo está no centro da relação educativa, que o currículo corporifica os nexos entre saber, poder e identidade. A natureza desse nexo tem sido teorizada de forma diferente nas diversas correntes da tradição crítica. Desde a ênfase no "conhecimento verdadeiramente útil" dos primeiros socialistas britânicos até à crítica ao cânone europeu, masculino e heterossexual feita pelos atuais movimentos sociais, passando pela análise do caráter socialmente construído do currículo feita pela Nova Sociologia da Educação ou pela crítica de Paulo Freire ao caráter bancário da educação, foi sempre a preocupação com questões de conhecimento e de currículo que ocupou, de forma preferencial, a imaginação e os esforços das pessoas dedicadas à teorização e à prática críticas em educação.

Não por coincidência, o currículo é também um dos elementos centrais das reestruturações e das reformas educacionais que em nome da eficiência econômica estão sendo propostas em diversos países. Ele tem uma posição estratégica nessas reformas precisamente porque o currículo é o espaço onde se concentram e se desdobram as lutas em torno dos diferentes significados sobre o social e sobre o político. É por meio do currículo, concebido como elemento discursivo da política educacional, que os diferentes grupos sociais, especialmente os dominantes, expressam sua visão de mundo, seu projeto social, sua "verdade". Mesmo que não tivessem nenhum outro efeito, nenhum efeito no nível da escola e da sala de aula, as políticas curriculares, como texto, como discurso são, no mínimo, um importante elemento simbólico do projeto social dos grupos no poder. Nesse nível, a política curricular tem de ser lida, ao menos em parte, como representação de uma outra coisa, como um mito, no sentido de Barthes. Elas estão ali como um signo, como um significante.

As políticas curriculares são, entretanto, também mais do que um signo, embora isso não seja pouco. As políticas curriculares têm também outros efeitos. Elas autorizam certos grupos de especialistas, ao mesmo tempo que desautorizam outros. Elas fabricam os objetos "epistemológicos" de que falam, por meio de um léxico próprio, de um jargão, que não deve ser visto apenas como uma moda, mas como um mecanismo altamente eficiente de instituição e de constituição do "real" que supostamente lhe serve de referente. As políticas curriculares interpelam indivíduos nos diferentes níveis institucionais aos quais se dirigem, atribuindo-lhes ações e papéis específicos: burocratas, delegados, supervisores, diretores, professores. Elas geram uma série de outros e variados textos: diretrizes, guias curriculares, normas, grades, livros didáticos, produzindo efeitos que amplificam os dos textos-mestres. As políticas curriculares movimentam, enfim, toda uma indústria cultural montada em torno da escola e da educação: livros didáticos, material paradidático, material audiovisual (agora chamado de multimídia).

Em um outro nível, enfim, a política curricular, agora já transformada em currículo, tem efeitos na sala de aula. Ela define os papéis de professores e de alunos e suas relações, redistribuindo funções de autoridade e de iniciativa. Ela determina o que passa por conhecimento válido e por formas válidas de verificar sua aquisição. O currículo desloca certos procedimentos e concepções epistemológicas, colocando outros em seu lugar. A política curricular, metamorfoseada em currículo, efetua, enfim, um processo de inclusão de certos saberes e de certos indivíduos, excluindo outros. Como demonstra Walkerdine, o currículo também fabrica os objetos de que fala: saberes, competências, sucesso, fracasso. O currículo, como veremos mais adiante, também produz os sujeitos aos quais fala, os indivíduos que interpela. O currículo estabelece diferenças, constrói hierarquias, produz identidades.

Currículo, conhecimento, cultura

Por tudo isso, torna-se extremamente importante que a teorização educacional crítica repense e renove também sua reflexão e sua prática curriculares. As recentes transformações na teorização social, sob o impacto dos novos movimentos sociais, dos estudos culturais, das dúvidas e das problematizações epistemológicas colocadas pelo pós-modernismo e pelo pós-estruturalismo e, de forma mais geral, das radicais e profundas mudanças sociais em curso, estão tendo seu efeito também sobre a teorização curricular. Quando as formas tradicionais de conceber o conhecimento e a cultura entram em crise e são radicalmente questionadas, o currículo não pode deixar de ser atingido.

Para começar a pensar uma nova forma de ver o currículo, de rever a teorização curricular, pode ser útil rever quais têm sido as formas pelas quais o currículo tem sido concebido. Temos, de forma breve e simplificada, as seguintes visões de currículo e de teoria curricular: 1) a tradicional, humanista, baseada numa concepção conservadora da cultura (fixa, estável, herdada) e do conhecimento (como fato, como informação), uma visão que, por sua vez, se baseia numa perspectiva conservadora da função social e cultural da escola e da educação; 2) a tecnicista, em muitos aspectos similar à tradicional, mas enfatizando as dimensões instrumentais, utilitárias e econômicas da educação; 3) a crítica, de orientação neomarxista, baseada numa análise da escola e da educação como instituições voltadas para a reprodução das

estruturas de classe da sociedade capitalista: o currículo reflete e reproduz essa estrutura; 4) a pós-estruturalista, que retoma e reformula algumas das análises da tradição crítica neomarxista, enfatizando o currículo como prática cultural e como prática de significação. É esta última visão que tentarei desenvolver neste ensaio.

Na visão tradicional, o currículo é pensado como um conjunto de fatos, de conhecimentos e de informações, selecionados do estoque cultural mais amplo da sociedade, para serem transmitidos às crianças e aos jovens nas escolas. Na perspectiva convencional, trata-se de um processo nada problemático. Supõe-se: 1) um consenso em torno do conhecimento que deve ser selecionado; 2) uma coincidência entre a natureza do conhecimento e da cultura mais gerais (a ciência, por exemplo) e a natureza do conhecimento e da cultura especificamente escolares, admitindo-se uma diferença apenas de gradação e de quantidade; 3) uma relação passiva entre quem "conhece" e aquilo que é conhecido; 4) o caráter estático e inercial da cultura e do conhecimento. Na história da educação ocidental, essa concepção é compartilhada por ideologias educacionais tão diversas quanto o humanismo tradicional e o tecnicismo.

Essa visão de currículo sofre seus primeiros abalos com os questionamentos da chamada "Nova Sociologia da Educação" e, em geral, da teorização crítica inicial em educação. Nesse questionamento, ressalta-se tanto o caráter histórico (variável, mutável) quanto o caráter social (construído) do conhecimento escolar. Essa problematização inicial, entretanto, com exceção, talvez, do trabalho de Basil Bernstein, permanece excessivamente presa às determinações externas (economia, sobretudo) do currículo, bem como a noções "realistas" de conhecimento e de currículo, resultantes da adoção do conceito marxista de ideologia.

É o impacto das teorizações pós-modernistas e pós-estruturalistas, tais como representadas sobretudo pelos Estudos Culturais e sintetizadas na chamada "virada lingüística", que vem modificar radicalmente essas concepções iniciais. Nas novas concepções, ganham centralidade o papel da linguagem e do discurso na constituição do social. De forma conseqüente, a cultura, entendida principalmente como prática de significação, assume um papel constituidor e não apenas determinado, superestrutural, epifenomenal. São essas renovadas concepções do cultural e do social que deverão ter um impacto considerável sobre a teoria curricular.

A discussão pós-estruturalista, com seu pressuposto da primazia do discurso e das práticas lingüísticas, altera radicalmente as concepções de cultura. A perspectiva pós-estruturalista amplia, por um lado, as abordagens sociológicas (como as abordagens marxistas ou a teorização de Bourdieu, por exemplo) centradas numa visão da cultura como campo de conflito e de luta, mas, por outro, modifica-as, ao deslocar a ênfase de uma avaliação epistemológica (falso/verdadeiro), baseada na posição estrutural do ator social, para os efeitos de verdade inerentes às práticas discursivas. A cultura, nessa visão, é um campo de luta em torno da construção e da imposição de significados sobre o mundo social.

As visões tradicionais sobre as relações entre currículo e cultura estão assentadas numa concepção estática e essencializada de cultura. Esta, mesmo quando vista como resultado da criação humana, é concebida como um produto acabado, finalizado. A cultura, aqui, é abstraída de seu processo de produção e torna-se simplesmente uma coisa: ela é reificada. Esse processo de reificação é concomitante ao processo de essencialização: a cultura "é", a cultura não é feita, não se transforma. Eis aqui um exemplo: apesar de toda sua aparência desejável, o respeito à "diferença" de certas perspectivas multiculturalistas em educação expressa precisamente esse tipo de concepção. A "diferença" aqui, como uma característica cultural, é abstraída de seu processo de constituição e de produção, tornando-se essencializada.

Nessa perspectiva, o trabalho incerto e indeterminado da linguagem e da cultura, o processo aberto e vulnerável da criação simbólica, tende a ser fixado, imobilizado, paralisado. A prática humana de significação fica reduzida ao registro e à transmissão de significados fixos, imóveis, transcendentais. A cultura fica definida por meio de uma semiótica contida, cerrada, congelada. A prática disseminante e produtiva da significação, da cultura, entretanto, não pode ser estancada. Mesmo que contida, ela espirra, transborda, excede, revolta-se, rebela-se, espalha-se incontrolavelmente. Há aqui uma primeira indicação para trabalhar o espaço crítico no currículo.

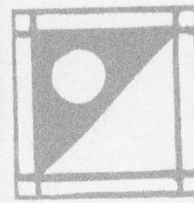

Essa concepção estática e essencializada de cultura é correlativa de uma concepção realista e reflexiva do conhecimento. A epistemologia realista é talvez a característica mais marcante das concepções correntes de currículo e, é óbvio, dos próprios currículos. Nas epistemologias realistas, o conhecimento é concebido simplesmente como reflexo de uma realidade que está ali, que pode ser acessada diretamente. É uma visão analógica do conhecimento. O que você vê é o que é. Conhecer é chegar ao real, sem intermediação. Essa visão epistemológica é similar àquilo que Derrida chama de metafísica da presença: a certeza (ou a ilusão?) de que o significante captura o significado em toda sua plenitude.

A perspectiva realista de conhecimento é o equivalente epistemológico do realismo em literatura, cujos efeitos ideológicos foram tão bem descritos e criticados por autores como Barthes. O realismo em literatura pretende que a obra de ficção, por exemplo, esteja tão próxima da "realidade" quanto possível, sem intermediação. Evidentemente, a eficácia do efeito realista depende precisamente da medida em que consegue ocultar os artifícios, os dispositivos de sua construção, as convenções, os códigos dos quais depende para dar precisamente a impressão de realidade. Pode-se ver a perspectiva realista, mimética ou analógica em ação também na arte ou na fotografia. Esta última é especialmente propícia à suposição realista por causa da característica aparentemente analógica do dispositivo fotográfico. Ficam ocultos, nessa concepção, precisamente os dispositivos e as convenções (ângulo, luz, corte, edição) que fazem com que nem mesmo, por exemplo, o mais "realista" dos gêneros fotográficos — o documentário — seja simplesmente uma reprodução analógica da "realidade".

Há uma clara correspondência entre essa abordagem realista do conhecimento e as concepções correntes de currículo. O currículo, nessas concepções, é simplesmente o reflexo, a reprodução, em escala menor, reduzida e condensada, do conhecimento existente, o qual, por sua vez, como vimos, é um reflexo da "realidade". A metáfora do reflexo, da reprodução, subsiste até mesmo em versões mais críticas do currículo (neomarxistas, por exemplo), como demonstrou Philip Wexler (1982). Aqui, o currículo é o reflexo *distorcido* da realidade. A distorção deve-se, nessa versão, a fatores como relações de produção, conflito de classe etc. Se apenas pudéssemos nos livrar desses fatores espúrios teríamos, afinal, um conhecimento e um currículo "limpos", "não-contaminados", "purificados", reflexos puros e não-distorcidos da "realidade".

As concepções estáticas e essencialistas de cultura e as concepções realistas do conhecimento que compõem o entendimento mais difundido sobre currículo estão estreitamente vinculadas à sua desconsideração das relações de poder. Elas deixam de considerar que a cultura e o conhecimento são produzidos como relações sociais, que *são*, na verdade, relações sociais. Mais: essas relações sociais são hierárquicas, assimétricas, são relações de poder. O currículo — tal como o conhecimento e a cultura — não pode ser pensado fora das relações de poder.

Em suma, a concepção corrente de cultura, na qual se baseia a concepção dominante de currículo, é fundamentalmente estática. Nessa concepção a cultura é vista apenas por meio de seu aspecto como produto acabado, finalizado. Como conseqüência, a cultura, nessa perspectiva, só

pode ser dada, transmitida, recebida. Eu gostaria de ressaltar, em contraste, uma concepção de currículo que estivesse baseada numa noção essencialmente dinâmica de cultura. A cultura, nessa outra perspectiva, seria vista menos como produto e mais como produção, como criação, como trabalho. Em vez de seu caráter final, concluído, o que fica ressaltado nessa outra concepção é sua produtividade, sua capacidade de trabalhar os materiais recebidos, numa atividade constante, por um lado, de desmontagem e de desconstrução e, por outro, de remontagem e de reconstrução. Além disso, nessa perspectiva, esse trabalho de produção da cultura se dá num contexto de relações sociais, num contexto de relações de negociação, de conflito e de poder.

Em suma, nessa perspectiva, o currículo, tal como a cultura, é compreendido como: 1) uma prática de significação; 2) uma prática produtiva; 3) uma relação social; 4) uma relação de poder; 5) uma prática que produz identidades sociais. São esses cinco aspectos que agora gostaria de desenvolver um pouco mais.

Cultura e currículo como práticas de significação

Embora a cultura possa ser muitas outras coisas (modo de vida, prática material etc.), ela é, também, e fundamentalmente, prática de significação. A cultura é feita, nessa perspectiva, de formas de compreender o mundo social, de torná-lo inteligível. Ela está centralmente envolvida na produção de formas de inteligibilidade. A cultura diz respeito, sobretudo, à produção de sentido.

Embora a vida social não possa ser reduzida à cultura entendida como prática de significação, ela tampouco pode ser concebida sem a existência de práticas de produção de sentido. Parece óbvio que o sentido e as práticas de sua produção são elementos essenciais do processo de produção e de reprodução da vida social. Nessa direção, não é apenas a cultura, compreendida de forma estrita, que está envolvida na produção de sentido. Os diversos campos e aspectos da vida social só podem ser completamente entendidos por meio de sua dimensão de prática de significação. Campos e atividades tão diversos quanto a ciência, a economia, a política, as instituições, a saúde, a alimentação e, sem dúvida, a educação e o currículo, são todos culturais, na medida em que as práticas de significação são uma parte fundamental de sua existência e de seu funcionamento. Desse ponto de vista, fica difícil ver a cultura como fazendo parte da superestrutura, dentro do conhecido esquema marxista "estrutura–superestrutura". Tampouco faz sentido ver a cultura como resultado de algum processo de determinação ou de algum processo causal.

    O sentido e o significado, entretanto, não são produzidos de forma isolada, circulando como átomos, como unidades independentes. O significado e o sentido tampouco existem como idéia pura, como pensamento puro, fora do ato de sua enunciação, de seu desdobramento em enunciados, independentemente da matéria significante, de sua marca material como linguagem. Os significados organizam-se em sistemas, em estruturas, em relações. Esses sistemas, essas estruturas, essas relações, por sua vez, apresentam-se, organizam-se como marcas lingüísticas materiais, como tramas, como redes de significantes, como tecidos de signos, como textos, enfim. Do ponto de vista analítico, quando nos aproximamos desses textos para destacar precisamente sua dimensão de prática de significação, para flagrar as marcas de suas condições de produção, para tornar visíveis os artifícios de sua construção, para "decifrar" os códigos e as convenções pelas quais esses significados particulares foram produzidos, para descrever seus efeitos de sentido, passamos a vê-los como discurso e os atos, as atividades, o trabalho de sua produção como prática discursiva.

Outra vez, da mesma forma que a cultura, também o currículo pode ser visto como uma prática de significação. Também o currículo pode ser visto como um texto, como uma trama de significados, pode ser analisado como um discurso e ser visto como uma prática discursiva. E como prática de significação, o currículo, tal como a cultura, é, sobretudo, uma prática produtiva.

A CULTURA E O CURRÍCULO COMO PRÁTICAS PRODUTIVAS

Não se pode conceber a cultura e o currículo como práticas de significação sem destacar seu caráter fundamentalmente produtivo, criativo. Em contraste com concepções mais tradicionais, conservadoras, a cultura, aqui, não é vista apenas e principalmente como produto final, concluído, o que ela também é, mas sobretudo como atividade, como prática de produção, de criação. Ignorar ou secundarizar a dimensão produtiva da cultura significa reificá-la, cristalizá-la, imobilizá-la, abstraí-la do processo de sua criação.

A cultura é, sobretudo, atividade, ação, experiência. Como tal, ela é sempre trabalho sobre alguma coisa, sobre materiais existentes. Vê-la como produção não significa dizer que ela opera sobre o vazio, que a criação se dá a partir de nada. Mas, significa, sim, dizer que os materiais existentes, as matérias significantes vistas como produtos, como coisas, não estão aí apenas para ser contempladas ou para ser simplesmente recebidas, aceitas e passivamente consumidas. A cultura nunca é apenas consumo passivo. Os significados, os sentidos recebidos, a matéria significante, o material cultural são, sempre, embora às vezes de

forma desajeitada, oblíqua, submetidos a um novo trabalho, a uma nova atividade de significação. São traduzidos, transpostos, deslocados, condensados, desdobrados, redefinidos, sofrem, enfim, um complexo e indeterminado processo de transformação.

A produtividade das práticas de significação é função, entre outras coisas, do caráter indeterminado, aberto, incerto, incontido da atividade lingüística, da atividade de produção de sentido. Se o processo de significação girasse sempre em torno dos mesmos significados e se os significados fossem fixos, se as marcas lingüísticas que utilizamos estivessem vinculadas a significados inequívocos, não haveria, na verdade, trabalho de significação. Os significados estariam dados de uma vez para sempre e os signos, os significantes, apontariam para significados unívocos, certos, singulares. Há, na verdade, uma tensão constante entre a necessidade de delimitar, de fixar o significado e a rebeldia, também permanente, do processo de significação. As tentativas de naturalizar o significado, de fechar o processo de significação, características de todo projeto conservador e de direita, têm de enfrentar sempre a tendência do significado ao deslizamento, à disseminação (Derrida), sua resistência a ser aprisionado. Uma forma de entender a ideologia consiste precisamente em vê-la como o ponto onde o processo de significação se fecha, onde ele é contido, naturalizado. O processo de significação se torna ideológico quando tenta esconder as marcas, as pistas do processo social de sua construção, quando o caráter precário, mundano, profano se transmuta em natureza, em transcendência.

Embora o currículo não coincida com a cultura, embora o currículo esteja submetido a regras, a restrições, a convenções e a regulamentos próprios da instituição educacional, também ele pode ser visto como um texto e analisado como um discurso. Também o currículo é um espaço, um campo de produção e de criação de significado. No currículo se produz sentido e significado sobre os vários campos e atividades sociais, no currículo se trabalha sobre sentidos e significados recebidos, sobre materiais culturais existentes. O currículo, tal como a cultura, é uma zona de produtividade. Essa produtividade, entretanto, não pode ser desvinculada do caráter social dos processos e das práticas de significação. Cultura e currículo são, sobretudo, relações sociais.

A CULTURA E O CURRÍCULO COMO RELAÇÕES SOCIAIS

Dentro da tradição neomarxista de teorização educacional crítica, estamos acostumados a ver como relações sociais apenas as relações de produção. Nessa perspectiva, cultura e currículo são fenômenos derivados, determinados por aquelas relações sociais, mas não são vistos explicitamente como sendo também relações sociais. Numa perspectiva menos topológica, menos segmentada, da dinâmica social, poderemos, quem sabe, ver também a cultura e o currículo como relações sociais.

Se vista como prática de significação, a cultura não pode deixar de ser relação social. Vista como prática, fica fácil ver também seu caráter relacional e social. Produzimos significados, procuramos obter efeitos de sentido, no interior de grupos sociais, em relação com outros indivíduos e com outros grupos sociais. Por meio do processo de significação construímos nossa posição de sujeito e nossa posição social, a identidade cultural e social de nosso grupo, e procuramos constituir as posições e as identidades de outros indivíduos e de outros grupos. Produzimos significados e sentidos que queremos que prevaleçam *relativamente* aos significados e aos sentidos de outros indivíduos e de outros grupos.

Será um pouco mais difícil ver a cultura como relação social quando a encaramos como produto, como material, como texto, como discurso. Nesse caso, tal como a mercadoria na teorização marxiana, a cultura vira fetiche, reifica-se, tende a apagar o rastro das relações sociais que a produziram. E não obstante, as marcas, os rastros, os vestígios do trabalho de produção, das relações sociais que produziram este texto, este discurso, este artefato, não desapareceram, deixando em seu lugar um material desencarnado, matéria significante, a flutuar livremente num vácuo social, sem laços nem conexões com as condições sociais de sua produção. Mas esse material significante tampouco pode ser visto apenas como o reflexo, como a réplica cultural, de relações sociais de outra ordem, mais importantes, primordiais.

Pelas mesmas razões, tampouco o currículo pode deixar de ser visto como uma relação social. O currículo visto como produto acabado, concluído, não pode deixar de revelar as marcas das relações sociais de sua produção. Desde sua gênese como macrotexto de política curricular até sua transformação em microtexto de sala de aula, passando por seus diversos avatares intermediários (guias, diretrizes, livros didáticos), vão ficando registrados no currículo os traços das disputas por predomínio cultural, das negociações em torno das representações dos diferentes grupos e das diferentes tradições culturais, das lutas entre, de um lado, saberes oficiais, dominantes e, de outro, saberes subordinados, relegados, desprezados. Essas marcas não deixam esquecer que o currículo é relação social. Mas sua existência como relação social não termina aí. Mesmo que apareça em nossa frente como produto acabado, como matéria inerte, o currículo, como outros conjuntos de matéria significante, é submetido a um novo trabalho de significação, que só pode ser, outra vez, realizado no contexto de relações sociais. Essas relações sociais são necessariamente relações de poder.

A CULTURA E O CURRÍCULO COMO RELAÇÕES DE PODER

As relações sociais no interior das quais se realizam as práticas de significação não são simplesmente relações sociais; elas são mais do que isso: são relações sociais de *poder*. Os diferentes grupos sociais não estão situados de forma simétrica relativamente ao processo de produção cultural, aqui entendido como processo de produção de sentido. Há um vínculo estreito e inseparável entre significação e relações de poder. Significar, em última análise, é fazer valer significados particulares, próprios de um grupo social, sobre os significados de outros grupos, o que pressupõe um gradiente, um diferencial de poder entre eles. Na verdade, esse diferencial de poder não é inteiramente externo ao processo de significação: as relações de poder são, elas próprias, ao menos em parte, o resultado de práticas de significação. Em suma, as relações de poder são, ao mesmo tempo, resultado e origem do processo de significação. Significação e poder, tal como o par saber-poder em Foucault, estão inextricavelmente conjugados.

Foi com Foucault, aliás, que aprendemos a não ver as relações de poder como externas, estranhas, espúrias, relativamente ao processo de significação. Na visão mais comum, as relações de poder contaminam, distorcem, falsificam o significado, deturpam, degradam, turvam o processo de significação. Supostamente, na hipótese da inexistência de relações de poder, entraríamos no gozo de práticas de significação livres desses constrangimentos, que dariam como resultado significados e sentidos puros, desinteressados, "verdadeiros". Numa outra perspectiva, os significados não são vistos como falsos ou verdadeiros, como puros ou contaminados, com o grau de falsidade ou de impureza sendo função do grupo que os produzem, que os enunciam. Os significados são função de posições específicas de poder e promovem posições particulares de poder. Não é necessário, nessa perspectiva, fazer intervir qualquer efeito epistemológico do poder sobre o significado. Efeitos de sentido não são verdadeiros ou falsos; eles são, mais mundanamente, mais profanamente, "apenas" efeitos de verdade. As lutas por significado não se resolvem no terreno epistemológico, mas no terreno político, no terreno das relações de poder.

Conceber as práticas culturais como relações de poder implica, pois, ver o campo da produção de significado e de sentido como contestado, disputado, conflitivo. A luta pelo significado é uma luta por hegemonia, por predomínio, em que o significado é, ao mesmo tempo, objeto e meio, objetivo e instrumento. O caráter incerto, indeterminado, incontido do processo de significação, por sua vez, faz com que o resultado dessa luta não seja, nunca, garantido, previsível. As relações de poder dirigem o processo de significação; elas, entretanto, não o esgotam, não o realizam plenamente.

O currículo, visto como texto, como discurso, como matéria significante, tampouco pode ser separado de relações de poder. Vincular a educação e, particularmente, o currículo, a relações de poder tem sido central para o projeto educacional crítico. Pensar o currículo como ato político consiste precisamente em destacar seu envolvimento em relações de poder. Existem, na tradição crítica, entretanto, diferentes maneiras de vincular currículo e poder. Na tradição neomarxista que foi predominante por um longo período, por exemplo, o poder, inevitavelmente ligado às relações sociais de produção, às relações econômicas, é visto como sendo responsável por introduzir um viés, fundamentalmente de classe social, no conteúdo do currículo. Na perspectiva que estou tentando desenvolver aqui, mais ligada aos enfoques chamados pós-estruturalistas, o poder não é externo às práticas de significação que constituem o currículo, um elemento estranho do qual poderíamos nos livrar, do qual poderíamos nos emancipar. Tal como

ocorre com outras práticas culturais, as relações de poder são inseparáveis das práticas de significação que formam o currículo.

Os efeitos de sentido, como efeitos de poder, não funcionariam, entretanto, se não contribuíssem para fixar posições de sujeito específicas, para fixar relações hierárquicas e assimétricas particulares. Os efeitos de sentido são, fundamentalmente, efeitos de produção de identidades sociais particulares.

Cultura, currículo e identidades sociais

Um dos efeitos mais importantes das práticas culturais é o de produção de identidades sociais. Em geral, tende-se a naturalizar as identidades sociais, as formas pelas quais os diferentes grupos sociais se definem a si próprios e pelas quais eles são definidos por outros grupos. As identidades só se definem, entretanto, por meio de um processo de produção da diferença, um processo que é fundamentalmente cultural e social. A diferença, e portanto a identidade, não é um produto da natureza: ela é produzida no interior de práticas de significação, em que os significados são contestados, negociados, transformados. A fórmula de Joan Scott (1995) expressa bem esse processo: a discriminação não é o resultado da diferença, é a diferença que é o resultado da discriminação.

A identidade, tal como a cultura, tampouco é um produto final, acabado, uma coisa. Ela é objeto de uma incessante construção. Os resultados dessa construção, tal como as práticas de significação a que está vinculada, são sempre incertos, indeterminados, imprevisíveis. Como diz Stuart Hall (1994, p.222), deve-se pensar na identidade como uma "produção, que não está nunca completa, que está sempre em processo, e é sempre constituída no interior, e não fora, da representação".

Além disso, esse processo de formação da identidade está sempre referido a um "outro". Sou o que o outro não é; não sou o que outro é. Identidade e alteridade são, assim, processos inseparáveis.

As relações de alteridade são, por sua vez, fundamentalmente, relações de poder. A diferença cultural não é estabelecida de forma isolada e independente. Ela depende de processos de exclusão, de vigilância de fronteiras, de estratégias de divisão. A diferença nunca é apenas e puramente diferença, mas também e fundamentalmente hierarquia, valoração e categorização. Por outro lado, essa hierarquização — que permite afirmar o que é "superior" e o que é "inferior" — é estabelecida a partir de posições de poder. As relações de diferença cultural não são, nunca, simétricas. As relações de diferença são, desde o início, relações de poder, construídas, como diz Hall, no interior de processos de representação. As identidades são categorias inerentemente sociais e políticas. A identidade, mais do que uma essência, é uma relação e um posicionamento. A sociedade não está, assim, formada simplesmente da soma de identidades culturais que preexistam às relações de poder que as constituem.

Nessa perspectiva, pois, a identidade não está constituída em torno de um núcleo de autenticidade, de uma experiência cultural primordial, que definiria as diferentes culturas. A própria diferença é sempre o resultado — nunca definitivo — de um processo de construção. Por isso, essa concepção de identidade é fundamentalmente histórica — nós somos o que nos tornamos, o que significa que podemos também nos tornar, agora e no futuro, outra coisa. A identidade cultural tem uma história, não é algo que simplesmente, que naturalmente, exista.

A questão da identidade social adquire importância crescente por causa da emergência e da visibilidade dos diferentes grupos e movimentos que reivindicam voz e participação no jogo da política de identidade. A política da identidade está no centro das disputas por representação e por distribuição de recursos materiais e simbólicos. Novas identidades sociais emergem, identidades reprimidas se rebelam, se afirmam, colocando em questão, deslocando, a identidade unificada e centrada do indivíduo moderno: macho, branco, heterossexual... Mudanças estruturais alteram radicalmente a paisagem cultural em que essa identidade reinava soberana, assentada numa localização aparentemente firme e segura. Essa localização é abalada, essa identidade hegemônica entra claramente em crise.

Não é preciso dizer que a educação institucionalizada e o currículo — oficial ou não — estão, por sua vez, no centro do processo de formação de identidade. O currículo, como um espaço de significação, está estreitamente vinculado ao processo de formação de identidades sociais. É aqui, entre outros locais, em meio a processos de representação, de inclusão e de exclusão, de relações de poder, enfim, que, em parte, se definem, se constroem, as identidades sociais que dividem o mundo social. A tradição crítica em educação nos ensinou que o currículo produz formas particulares de conhecimento e de saber, que o currículo produz dolorosas divisões sociais, identidades divididas, classes sociais antagônicas. As perspectivas mais recentes ampliam essa visão: o currículo também produz e organiza identidades culturais, de gênero, identidades raciais, sexuais... Dessa perspectiva, o currículo não pode ser visto simplesmente como um espaço de transmissão de conhecimentos. O currículo está centralmente envolvido naquilo que somos, naquilo que nos tornamos, naquilo que nos tornaremos. O currículo produz, o currículo nos produz.

Políticas sociais — políticas curriculares

Estamos no meio de uma luta decisiva pela definição do que significa uma "boa" sociedade, do que significa uma "boa" educação, do significado da própria identidade social que queremos ver construída.

O projeto hegemônico, neste momento, é um projeto social centrado na primazia do mercado, nos valores puramente econômicos, nos interesses dos grandes grupos industriais e financeiros. Os significados privilegiados desse discurso são: competitividade, flexibilização, ajuste, globalização, privatização, desregulamentação, consumidor, mercado. Nesse projeto, a educação é vista como simplesmente instrumental à obtenção de metas econômicas que sejam compatíveis com esses interesses. Sabemos o que essa educação vai produzir, o que ela quer produzir: de um lado, um grupo de indivíduos privilegiados, selecionados, adaptados ao ambiente supostamente competitivo do cenário ideal imaginado pelos teóricos da excelência dos mecanismos de mercado; de outro, a grande massa de indivíduos dispensáveis, relegados a trabalhos repetitivos e rotineiros ou à fileira, cada vez maior, de desempregados.

Mas apesar da incessante repetição de que fora desse projeto não há salvação, existem outras formas de concepção de uma "boa" sociedade, de uma "boa" educação, outras formas de conceber o sujeito social. Temos de reafirmar o ideal de uma sociedade que considere como prioridade o cumprimento do direito que todos os seres humanos têm de ter uma boa vida, de ter uma vida em que sejam plenamente satisfeitas todas as suas necessidades vitais, sociais, históricas. Nossos significados são outros: igualdade, direitos sociais, justiça social, cidadania, espaço público. Nesse outro cenário, a educação não é um instrumento de metas econômicas, produtivistas, empresariais, financeiras. A educação, nessa outra perspectiva, está estreitamente vinculada à construção de uma sociedade em que a riqueza, os recursos materiais e simbólicos, a "boa" vida, sejam mais bem distribuídos. A educação, aqui, deve ser construída tanto como um espaço público que promova essa possibilidade quanto um espaço público em que se construam identidades sociais coerentes com essa possibilidade.

O currículo é um dos espaços centrais dessa construção. Aqui se entrecruzam práticas de significação, de identidade social e de poder. É por isso que o currículo está no centro dos atuais projetos de reforma social e educacional. Aqui se travam lutas decisivas por hegemonia, por predomínio, por definição e pelo domínio do processo de significação. Como política curricular, como macrodiscurso, o currículo tanto expressa as visões e os significados do projeto dominante quanto ajuda a reforçá-las, a dar-lhes legitimidade e autoridade. Como microtexto, como prática de significação em sala de aula, o currículo tanto expressa essas visões e significados quanto contribui para formar as identidades sociais que lhes sejam convenientes. No currículo se joga um jogo decisivo. Qual é nossa aposta, qual é nosso lado, nesse jogo? O que vamos produzir no currículo entendido como prática cultural? Os significados e os sentidos dominantes, as representações que os grupos dominantes fazem de si e dos outros, as identidades hegemônicas? Vamos fazer do currículo um campo fechado, impermeável à produção de significados e de identidades alternativas? Será nosso papel o de conter a produtividade das práticas de significação que formam o currículo? Ou vamos fazer do currículo o campo aberto que ele é, um campo de disseminação de sentido, um campo de polissemia, de produção de identidades voltadas para o questionamento e para a crítica? Evidentemente, a resposta é uma decisão moral, ética, política, de cada um/a de nós. Temos de saber, entretanto, que o resultado do jogo depende dessa decisão, da decisão de tomarmos partido. O currículo é, sempre e desde já, um empreendimento ético, um empreendimento político. Não há como evitá-lo.

O currículo como representação

Fala-se muito, hoje, de uma suposta "crise da representação". Essa expressão condensa a idéia mais ampla de uma fissura, de uma instabilidade, de uma incerteza, no centro mesmo das epistemologias que uma vez regeram, com tanta segurança, os projetos de domínio da natureza, do mundo e da sociedade. Essa insegurança não é assim tão nova: ela percorre, de certa forma, grande parte deste século que agora chega ao fim. Ela se torna mais aguda, mais urgente, mais angustiante, entretanto, nessas últimas décadas.

As grandes narrativas, âncoras de certeza num mundo à deriva, tornam-se desacreditadas, à medida que suas premissas, suas descrições, suas explicações, suas promessas, se encontram crescentemente em discrepância com os acontecimentos cotidianos. Se há alguma dialética, trata-se de uma dialética que transforma inevitavelmente seus grandiosos ideais nos seus contrários: o progresso se transmuta em degradação e destruição; a emancipação em dependência e subjugação; a utopia em horror e pesadelo; a razão em irracionalismo e domínio. O problema não é que esses ideais tenham sido simplesmente traídos ou descumpridos: desconfia-se que, de alguma forma, eles estão implicados nos processos que fizeram com que o mundo se tornasse o que é.

Está em curso, pois, um processo de desestabilização epistemológica. No contexto da chamada "virada lingüística", epistemologia tem a ver, fundamentalmente, com representação: com a relação entre, de um lado, o "real" e a "realidade" e, de outro, as formas pelas quais esse "real" e essa "realidade" se tornam "presentes" para nós — *re-presentados*. Na perspectiva pós-estruturalista, conhecer e representar são processos inseparáveis. A representação — compreendida aqui como inscrição, marca, traço, significante e não como processo mental — é a face material, visível, palpável, do conhecimento. A "crise" de legitimação que está no centro das nossas formas de conhecer o mundo está, pois, indissoluvelmente ligada à "crise" no estatuto da representação — nossas formas de representar o mundo. Perguntas sobre quem está autorizado a conhecer o mundo traduzem-se em perguntas sobre quem está autorizado a representá-lo. Fazer esse tipo de perguntas significa, por sua vez, reconhecer um vínculo entre conhecer e representar, de um lado, e relações de poder, de outro.

Há quem, como Baudrillard (1991), por exemplo, faça uma afirmação mais radical: não se trata simplesmente de uma crise, mas de uma verdadeira implosão da representação. Num cenário pós-moderno de proliferação incontrolável de signos e de imagens, a representação teria chegado ao fim. Não há mais referentes na extremidade da cadeia de significação: apenas signos e imagens que simulam o "real". Perdida qualquer conexão dos signos com seus referentes, a paisagem contemporânea está povoada por simulacros: representações de representações. A simulação é a última fase de um processo que tem como fases anteriores: o realismo ("a imagem é o reflexo da realidade"); a ideologia ("a imagem mascara e deforma a realidade") e a dissimulação ("a imagem mascara a ausência de realidade") (BAUDRILLARD, 1991, p.13). No simulacro não há mais representação. Estamos em pleno reino da hiper-realidade.

Enquanto uns proclamam o fim da representação, entretanto, outros reivindicam o direito à representação. Os questionamentos lançados às epistemologias canônicas, às estéticas dominantes, aos códigos culturais oficiais partem precisamente de grupos sociais que não se vêem aí representados. Há uma revolta das identidades culturais e sociais subjugadas contra os regimes dominantes de representação. É essa revolta que caracteriza a chamada "política de identidade". Os "universais" da cultura são sistemas de significação cuja pretensão consiste em expressar o humano e o social em sua totalidade. Eles são, entretanto, sempre e inevitavelmente, sistemas de representação: construções sociais e discursivas parciais e particulares dos grupos que estão em posição de dirigir o processo de representação: "a representação deve ser entendida como uma relação social constituída e exercida por meio de apelos específicos à visão, de manipulações específicas de espaços e de corpos imaginários para o benefício do olhar" (POLLOCK, 1994, p.14). A "política de identidade" se situa, pois, na interseção entre representação — como forma de conhecimento — e poder.

A chamada "política de identidade" reúne as duas dimensões centrais do conceito de "representação": representação como "delegação" e representação como "descrição" (JULIEN & MERCER, 1996, p.197). No primeiro caso, trata-se da pergunta sobre quem tem o direito de representar quem, em instâncias nas quais se considera necessário delegar a um número reduzido de *representantes* a voz e o poder de decisão de um grupo inteiro. Essa idéia de representação constitui justamente a base dos regimes políticos caracterizados como "democracia representativa". No segundo caso, pergunta-se sobre como os diferentes grupos culturais e sociais são apresentados nas diferentes formas de inscrição cultural: nos discursos e nas imagens pelos quais a cultura representa o mundo social. As duas dimensões da representação estão, é claro, indissoluvelmente ligadas. Quem tem a delegação de falar e de agir em nome do outro (representação como delegação) dirige, de certa forma, o processo de apresentação e de descrição do outro (representação como descrição). Quem fala *pelo* outro controla as formas de falar *do* outro.

Vinheta I

David Hevey é um fotógrafo que analisa a fotografia da perspectiva das pessoas com incapacitação física — ele mesmo é portador de incapacitação física. No seu livro *The creatures time forgot: photography and disability imagery*, ele faz uma análise de dois tipos de fotografias de pessoas com incapacitação: as fotos que acompanham as campanhas de publicidade para arrecadação de fundos de instituições de caridade voltadas para o atendimento a pessoas com incapacitação e as fotos artísticas de pessoas com incapacitação feitas por fotógrafos/as famosos/as, como Diane Arbus.[1] Entre as fotografias reproduzidas e analisadas no livro, Anne Finger, que resenhou o livro, destaca duas. A primeira, em preto e branco, apresenta uma pessoa branca numa cadeira de rodas, num elevador, tentando alcançar um dos botões, mas ele está muito alto para ela. A legenda diz: "Todo mundo acha que eu não quero chegar ao topo" seguida de outra frase: "Nossa maior deficiência é constituída pelas atitudes das pessoas". O nome da instituição britânica de caridade que patrocina a publicidade aparece em baixo, em letras maiores e mais fortes que o resto do texto. Na segunda fotografia, colorida, uma garota de origem asiática está elegante e alegremente vestida numa roupa toda colorida e olha franca e calorosamente para a câmera. Além do fato de que a foto é parte de uma exposição patrocinada por um grupo de teatro constituído por pessoas com incapacitação, não há nenhum outro sinal de sua incapacitação. A primeira fotografia é exemplar da forma como as pessoas com incapacitação são representadas pela publicidade das instituições de caridade. Embora pareçam progressistas (num certo sentido, o são, se comparadas com outros gêneros de representação da pessoa com incapacitação), essas fotos, quase sempre em preto e branco, funcionam, em conjunto com os textos que as acompanham, para apresentar uma imagem de dependência, de isolamento e de alteridade da pessoa com incapacitação. Essas imagens, na sua construção da alteridade das pessoas com incapacitação por meio do olhar das pessoas "normais", não são muito diferentes das imagens coloniais, nas quais os "negros aparecem como que paralisados e curiosos, enquanto os brancos se espreguiçam confiantes e seguros" (HEVEY, 1997, p.333). A segunda fotografia, em contraste, apresenta uma imagem de uma pessoa incapacitada na qual essa pessoa está no controle da forma como ela quer ser representada. David Hevey (p.346) conta que quando Diane Arbus, a famosa fotógrafa americana que se dedicou a fotografar pessoas "estranhas", se ofereceu para fotografar uma convenção de pessoas anãs, teve como resposta: "muito obrigado, nós temos o nosso próprio fotógrafo: anão".

REPRESENTAÇÃO E SIGNIFICAÇÃO

A representação é um sistema de significação. Utilizando os termos da lingüística estruturalista, isso quer dizer: na representação está envolvida uma relação entre um significado (conceito, idéia) e um significante (uma inscrição, uma marca material: som, letra, imagem, sinais manuais). Nessa formulação, não é necessário remeter-se à existência de um referente (a "coisa" em si): as "coisas" só entram num sistema de significação no momento em que lhes atribuímos um significado — nesse exato momento já não são simplesmente "coisas em si". É claro que as "coisas" mesmas podem funcionar como significantes. No exemplo clássico de Barthes, o significado "rosa" (a idéia de rosa) tem sua expressão material no significante "rosa" (nas letras que formam a palavra — escrita ou falada — "rosa" ou, alternativamente, num desenho, numa fotografia etc., de uma rosa). A coisa em si, a rosa, como referente, não tem importância nessa caracterização do processo de significação a não ser quando funciona, por sua vez, como significante de um outro significado, diferente do "original": se, por exemplo, a rosa, como objeto, for utilizada para significar "amor". É isso, aliás, que torna possível uma semiótica dos "objetos". O referente "rosa" não tem, pois, interesse para a semiótica, como tem, por exemplo, para a jardinagem.

O processo de significação é, pois, fundamentalmente social. A semiótica — como prática de descrição e de análise da significação — está preocupada com aqueles objetos que resultam de um processo de construção social, isto é, precisamente aqueles objetos que, na formulação de Saussure, podem ser caracterizados pela relação "significante/significado" — signos.

Como sabemos, Saussure, tendo como foco a língua, destacou o caráter arbitrário do signo. Não existe nenhuma relação intrínseca, "natural", entre significante e significado: um significante determinado deve sua forma e sua conexão com um determinado significado exclusivamente à convenção social. Não há nada que "naturalmente" determine que o significante "rosa" (oral ou escrito) tenha, na língua portuguesa, essa forma e que esteja ligado ao significado "rosa". Na ausência desse vínculo "natural", um determinado signo só se destaca em sua singularidade e em sua identidade por ser diferente de outros signos numa cadeia de significação. Aquilo que um signo é só fica estabelecido nessa cadeia de diferenças. Sua identidade é sempre dependente da diferença.

A semiótica pós-saussureana, ao ampliar o terreno da significação para signos que extrapolam o domínio da língua, vai se preocupar com signos nos quais a relação entre significante e significado não é puramente arbitrária, como, por exemplo, na fotografia e em outros tipos de imagem (sistemas analógicos de significação). Essa descrição ampliada do processo de significação já tinha sido prevista por Pierce, com sua distinção entre índex, ícone e símbolo. No "índice", há uma relação "natural", não puramente convencional, entre o significante e aquilo que ele representa: fumaça indica fogo. No "ícone", há uma semelhança entre o significante e aquilo que ele representa: é o caso dos sinais de trânsito, por exemplo, ou, se quisermos, da fotografia. No "símbolo", finalmente, a relação entre o significante e aquilo que ele representa é inteiramente convencional: é o caso da linguagem oral ou escrita. O que é importante, entretanto, é que, excetuando-se o caso do "índice", o vínculo que se estabelece entre significante e significado é sempre resultado de uma construção social, isto é, esse vínculo nunca é "natural". Sobretudo naquilo que interessa à nossa compreensão da representação, os signos são o que são e significam o que significam porque nós os fizemos assim.

Nessa ampliação do processo de significação, a semiótica estruturalista acabou por caracterizar de forma talvez demasiadamente rígida e fechada os processos e as práticas de significação. Ao descrever e analisar os códigos, as convenções, as estilísticas, os artifícios, as estruturas que dirigem as práticas de significação, destacando o pólo da produção de sistemas de significação como a literatura, a publicidade, a moda, o cinema, a fotografia, a televisão, a semiótica pós-saussureana limitou e estreitou o alcance da significação, tornando-a refém dos artifícios de sua construção e de sua produção. Os sistemas de significação são descritos como sendo tão dependentes dos códigos, das convenções, das estilísticas e das estruturas que dirigem sua produção que só podem significar uma coisa: aquilo que, precisamente, no momento e no ato de sua produção, está determinado por esses recursos semióticos. Eis aqui, por exemplo, Barthes, num ponto alto de sua analítica semiótica, analisando uma publicidade de massas alimentícias (massas Panzani):

> Um segundo signo é quase tão evidente quanto o primeiro; seu significante é o conjunto formado pelo tomate e pelo pimentão e a correspondente combinação tricolor (amarelo, verde, vermelho) do cartaz; seu significado é a Itália, ou antes, a *italianidade* (...). (...) Continuando a explorar a imagem (o que não significa que ela não seja límpida desde o primeiro momento), descobrimos, facilmente, pelo menos dois outros signos; em um deles, a presença compacta de objetos diferentes transmite a idéia de um serviço culinário completo, como se, por um lado, *Panzani* fornecesse todos os ingredientes necessários a um prato variado, e, por outro lado, o molho de tomate concentrado da lata igualasse em qualidade e frescura os produtos naturais que o cercam (...) (BARTHES, 1990, p.22).

O arranjo, a estrutura, a proximidade entre certos significantes só podem significar uma coisa — no caso acima: "italianidade", "serviço completo", "qualidade", "frescura". Esses significados são tão forçosamente determinados pela estrutura da imagem que chegam a ser transparentes. Ao afirmar que a imagem é "límpida desde o primeiro momento", Barthes praticamente sugere que sua análise é desnecessária. Sem negar a genialidade da análise barthesiana, a significação é descrita aqui como unívoca e fechada. Ela se torna definitivamente fixada pela estrutura de sua construção.

O próprio Barthes vai antecipar, na última fase de sua obra, a perspectiva pós-estruturalista na qual a significação iria se tornar mais incerta, mais instável e mais aberta. Embora ele tivesse limitado a concessão desse caráter aberto a certas e raras obras literárias, chamando-as de "escrevíveis",[2] em oposição àquelas que são apenas "legíveis", Barthes rompia aqui com alguns dos pressupostos estruturalistas que davam à significação seu caráter rígido, fechado, determinado, definitivo. Com o conceito de "escrevível", Barthes abria a significação para a produtividade:

> O texto escrevível é um presente perpétuo (...); o texto escrevível é a "mão escrevendo", antes que o jogo infinito do mundo (o mundo como jogo) seja cruzado, cortado, interrompido, plastificado por algum sistema singular (Ideologia, Gênero, Crítica) que venha impedir, na pluralidade dos acessos, a abertura das redes, o infinito das linguagens (...). Nesse texto ideal, as redes são múltiplas e se entrelaçam, sem que nenhuma possa dominar as outras; este texto é uma galáxia de significantes, não uma estrutura de significados; não tem início; é reversível; nele penetramos por diversas entradas, sem que nenhuma possa ser considerada principal (...) (BARTHES, 1992, p.39).

Por sua abertura e indeterminação, o texto escrevível permite que o leitor se torne um produtor. O texto apenas "legível", em contraste, não permite mais do que a leitura: *uma* leitura. O texto legível não pode ser "escrito", mas tão-somente "lido". Para Barthes, o texto legível fica limitado ao domínio da representação, aqui entendida, restritamente, como simples mimese, imitação, reflexo, reprodução. Barthes refere-se, aqui, evidentemente, aos textos literários clássicos chamados de "realistas". O princípio básico de construção desses textos é o de uma relação não-mediada com a "realidade". Eles funcionam para produzir um "efeito de realidade", fazendo o leitor esquecer os códigos e os artifícios de representação pelos quais a "realidade" transmuta-se em "significado/significante". O texto realista "esconde" essa passagem: nisso consiste seu truque.

Esse momento proto-pós-estruturalista de Barthes teria sido mais radical se ele não tivesse confundido a "intenção" do texto realista com sua realização. Os códigos realistas apostam na ilusão de uma coincidência entre o plano da "realidade" e o plano da representação. Essa "intenção", entretanto, não anula o caráter de representação do texto realista: ele continua sendo signo. Além disso, seu efeito de realidade é apenas uma possibilidade, que pode até ser muito provável, mas que, sendo signo, não será nunca garantido. Nos termos mais radicais do pós-estruturalismo, todos os textos são "escrevíveis".

Caberia a Derrida efetuar uma das transformações mais radicais na caracterização do processo de significação. Derrida iria expurgar definitivamente da formulação saussureana de signo qualquer traço de separação entre "significado" e "significante". O "significado" não existe como entidade mental separada, anterior e independentemente de sua expressão material, visível/audível, como marca, como traço, como inscrição. Mas o significado tampouco coincide com o significante: o significado não está presente no significante — supor o contrário é a ilusão metafísica fundamental. Não há uma relação biunívoca entre significado e significante: não porque a um significado corresponda mais de um significante e vice-versa, mas simplesmente porque o significado não existe como domínio separado do significante. Não existindo separação não pode haver correspondência.

Não existindo de forma independente, o significado não se livrará nunca do significante. Sua conexão com um determinado significante é sempre temporária e precária: não coincidindo com o significante, não estando plenamente presente no significante, mas também não existindo de forma independente, sua "definição", sua "determinação" só pode ser feita por meio de outros significantes, numa cadeia infinita que não deixa nunca o domínio do significante. O significado só está presente no significante como traço, como marca, tanto daquilo que ele é quanto daquilo que ele não é. O processo de significação não é, pois, nunca, uma operação de correspondência (entre significados e significantes), mas sempre um processo de diferenciação. Contrariamente à formulação de Saussure, entretanto, não existe uma cadeia diferencial de significantes e uma cadeia diferencial, separada, de significados. O significado é inteiramente dependente da cadeia diferencial de significantes.

Derrida introduz, pois, a incerteza e a indeterminação no processo de significação. A crítica que ele faz à "metafísica da presença" que caracteriza a concepção predominante do processo de significação tem implicações importantes para a noção de representação utilizada na análise cultural. Em primeiro lugar, a representação é compreendida, aqui, sempre, como marca material, como inscrição, como traço. A representação aqui referida não é, nunca, representação mental.[3] Em segundo lugar, se o significado, isto é, aquilo que é supostamente representado, não está nunca plenamente presente no significante, a representação — como processo e como produto — não é nunca fixa, estável, determinada. A indeterminação é o que caracteriza tanto a significação quanto a representação. Finalmente, a representação só adquire sentido por sua inserção numa cadeia diferencial de significantes. Ela é representação de alguma "coisa" não por sua identidade, coincidência ou correspondência com essa "coisa", mas por representá-la (por meio de um significante) como diferente de outras "coisas". Assim, por exemplo, as representações que se fazem do "negro" (como grupo "racial") são inteiramente dependentes, para fazerem "sentido", de sua posição numa cadeia de diferença entre significantes que inclui, entre outros, o significante "branco" (ou seja, as representações de "branco"). É precisamente essa dependência de uma cadeia de diferença que confere à representação seu caráter indeterminado.

O conceito de representação tal como utilizado na análise cultural está estreitamente ligado às investigações de Michel Foucault, particularmente à sua formulação do conceito de discurso. Foucault focalizou especificamente a noção de representação em *As palavras e as coisas*. Aí, entretanto, "representação" tem um significado bastante restrito, referindo-se à episteme do período histórico que Foucault chamou de "época clássica": séculos XVII e XVIII. Nesse livro, Foucault define "episteme" como o conjunto das regras de formação, as quais definem o que conta como conhecimento em uma determinada época. A episteme constrange aquilo que pode ser pensado ou conhecido num determinado momento histórico. Para Foucault, a episteme da Renascença estava baseada nas noções de semelhança e de similitude. Não havendo uma distinção ontológica entre as coisas (referentes) e as palavras (significantes), o conhecimento consistia basicamente em buscar e em estabelecer semelhanças e similitudes entre as coisas, incluídas aí as palavras, como expressões, todas, de uma mesma ordem transcendental, divina. Na época clássica, as palavras separam-se das coisas: elas representam as coisas, têm uma ontologia própria. O conhecimento nessa época está baseado numa lógica da identidade e da diferença, adquirindo centralidade aí as operações de classificação e de taxonomização. Esta é, segundo Foucault, a era da representação. Na episteme moderna, é a relação entre os elementos, mais que sua identidade e diferença, que se torna importante. Com a episteme moderna, torna-se possível construir novos objetos de conhecimento, impossíveis de serem concebidos no espaço limitado da episteme da representação.

Na concepção mais abrangente de "representação" adotada pela análise cultural, entretanto, é o conceito de discurso tal como desenvolvido por Foucault que se torna importante. Tornou-se lugar comum atribuir às posições pós-estruturalistas a formulação de que a "realidade é construída discursivamente". O que interessa à análise cultural, entretanto, não é fazer declarações epistemológicas tão absolutas, mas, de forma mais simples, eleger como seu objeto de análise aquelas instâncias e formas sociais que são construídas discursiva e lingüisticamente. Como diz John Fiske (1993, p.15), "é mais produtivo dizer que aquilo que é aceito como realidade em qualquer formação social é produto do discurso". O objetivo da análise cultural não é negar a "realidade", mas, de certa forma, ampliar a própria noção de "realidade". Um discurso sobre a AIDS, por exemplo, que construa a doença como um castigo divino para perversões sexuais é tão "real" quanto o próprio vírus HIV, embora se trate, ontologicamente, de "realidades" diferentes. É exatamente esse tipo de "realidade" que se torna o objeto das análises culturais centradas na noção de representação. Em suma, tal como Foucault, a análise cultural não está preocupada em sentenciar que os únicos objetos existentes são aqueles produzidos pelo discurso; ela está envolvida, em vez disso, no projeto bastante mais modesto de centrar seu interesse na análise precisamente daqueles objetos que são produzidos por meio de práticas sociais — discursivas ou não. No caso específico da noção de representação, são as práticas discursivas (num sentido alargado, para incluir imagens e outras formas de representação visual) que se tornam o centro da análise: "ao longo da formação social existem conjuntos diversos de representações, chamados discursos, alguns dos quais são especificamente — mas nunca exclusivamente — visuais" (POLLOCK, 1994, p.14).

É provavelmente em *A arqueologia do saber* que vamos encontrar algumas das formulações mais explícitas de Foucault sobre a noção de discurso. A idéia constante que percorre esse livro é a de que o discurso não deve ser visto simplesmente como o registro ou o reflexo de objetos que lhe são anteriores, mas "como práticas que formam sistematicamente os objetos de que falam" (FOUCAULT, 1986, p.56). É nesse sentido que Foucault diz que, dessa perspectiva, a tarefa não consiste mais em "tratar os discursos como conjuntos de signos (elementos significantes que remetem a conteúdos ou a representações)"[4] (p.56). O discurso não se limita a nomear coisas que já estejam "ali"; além de nomear, ele cria coisas: outro tipo de coisas, é verdade. Foucault não nega aqui aos signos sua função de designação. O que ele faz é simplesmente dizer, numa operação tipicamente pós-saussureana, isto é, pós-estruturalista, que eles fazem algo mais além de designar. Foi precisamente com a descrição desse "algo mais" que ele esteve preocupado em suas análises da loucura, da doença, do encarceramento, da sexualidade.

Na análise cultural, esse caráter produtivo do discurso enfatizado por Foucault estende-se à noção de representação. As representações culturais não são simplesmente constituídas de signos que expressam aquelas coisas que supostamente "representam". Os signos que constituem as representações focalizadas pela análise cultural não se limitam a servir de marcadores para objetos que lhes sejam anteriores: eles criam sentidos. Esses sentidos são outros tantos objetos que, embora de natureza diferente, não são menos reais, em seus efeitos, que a pedra que nos atinge a cabeça. É precisamente por parecerem "reais", por *serem* "reais", que esses sentidos têm efeito de "verdade". Foucault, tal como a análise cultural, estava interessado justamente nesse tipo de objeto: "a história crítica do pensamento não é nem uma história das aquisições nem uma história das ocultações da verdade; é a história da emergência dos jogos de verdade: é a história das 'veridicções', compreendidas como as formas pelas quais se articulam, num dado domínio, coisas de discurso suscetíveis de serem proclamadas verdadeiras ou falsas..." (FOUCAULT, IV, 1994, p.632).

Nos estudos de sua última fase, Foucault centrou suas análises nas estreitas conexões entre discurso e poder. É talvez aqui que sua noção de discurso adquire a máxima relevância para a utilização da noção de representação feita pela análise cultural. Os discursos, tais como as representações, situam-se num campo estratégico de poder: "a formação do discurso e a genealogia do saber devem ser analisadas a partir não dos tipos de consciência, das modalidades de percepção ou das formas de ideologia, mas das táticas e das estratégias de poder" (FOUCAULT, 1994, III, p.39). Os discursos estão localizados entre, de um lado, relações de poder que definem o que eles dizem e como dizem e, de outro, efeitos de poder que eles põem em movimento: "o discurso é o conjunto das significações constrangidas e constrangedoras que passam por meio das relações sociais" (FOUCAULT, III, 1994, p.123). Nas palavras de Stuart Hall (1992, p.293), "é o poder, mais do que os fatos sobre a realidade, que tornam as coisas 'verdadeiras'".

Poder-se-ia dizer que as investigações de Foucault estão todas centradas na questão da representação. Ele investigou a representação da loucura, da doença, da punição, da sexualidade. Ao focalizar a representação, Foucault afastou-se tanto de uma análise fenomenológica ("o que é, afinal, em sua essência, a loucura, ou a punição, ou a sexualidade?") quanto de uma análise estrutural ("o que causa, estruturalmente, a loucura, a punição, a sexualidade?"), para se centrar nas formas pelas quais esses "objetos" são construídos por meio de sistemas de significação ("como a loucura, a punição, a sexualidade vieram a ser, historicamente, concebidas dessa forma e não de outra?").

VINHETA II

Não existe, aparentemente, nada mais "natural", nada mais "real", do que a natureza exibida nos museus de História Natural. Essa "naturalidade", entretanto, é resultado de convenções, de códigos e de estilos de representação. Timothy Lenoir analisou esse processo de naturalização, ilustrando-o com os casos do Museu Britânico de História Natural e do Museu Americano de História Natural:

> Na tradição que vem do século XIX, o museu é uma janela para a natureza. Mas o que está sendo representado numa exibição? O que dá à representação sua autenticidade? No caso dos museus de história natural, as práticas de significação estão envolvidas na produção mesma da natureza: por meio de seus laboratórios, equipes de taxidermistas, artistas, curadores, os

museus produzem a natureza. E eles a produzem à luz de interesses específicos. Analisar e desconstruir a semiótica desse tipo de museu significa dar conta da naturalização da história da produção da natureza. A autoridade da ciência é convocada para autenticar essas construções e, nesse processo de naturalização, a própria ciência é reciprocamente legitimada. Desde sua aparição no século XIX, os museus de história natural têm fornecido ícones que servem como meios de mediação relativamente à natureza, bem como laboratórios e fábricas para produzir a natureza. Ao examinar esses momentos na história da criação do museu, pretendemos questionar a noção do museu de história natural como um local de representação "autêntica" da natureza. Apresentamos um argumento diferente: os museus fornecem marcadores semióticos da natureza cuja autenticidade fica garantida ao se fazer com que os processos que a produzem sejam naturalizados.

Representação, identidade, poder

A identidade cultural ou social é o conjunto daquelas características pelas quais os grupos sociais se definem como grupos: aquilo que eles são. Aquilo que eles são, entretanto, é inseparável daquilo que eles não são, daquelas características que os fazem diferentes de outros grupos. Identidade e diferença são, pois, processos inseparáveis. A identidade cultural não é uma entidade absoluta, uma essência, uma coisa da natureza, que faça sentido em si mesma, isoladamente. Na vida cotidiana, na experiência 'normal' da existência, essa estreita dependência entre identidade e diferença desaparece, apaga-se, torna-se invisível. Tanto a nossa identidade quanto a identidade dos outros (a diferença) aparecem como absolutas, como essências, como experiências originais, primordiais. A identidade só faz sentido numa cadeia discursiva de diferenças: aquilo que "é" é inteiramente dependente daquilo que "não é". Em outras palavras, a identidade e a diferença são construídas na e pela representação: não existem fora dela.

A identidade não existe "naturalmente": ela é construída pelo próprio grupo e pelos outros grupos. Não existe nada de "naturalmente" comum ligando os diversos indivíduos de um determinado grupo. Certamente existem certas condições "sociais" que fazem com que os grupos se vejam como tendo características em comum: geografia, sexo, "raça", sexualidade, nação. Mas mesmo essas condições sociais têm de ser "representadas", têm de ser produzidas por meio de alguma forma de representação. Aquilo que um grupo tem em comum é resultado de um processo de criação de símbolos, de imagens, de memórias, de narrativas, de mitos que "cimentam" a unidade de um grupo, que definem sua identidade. Parafraseando a conhecida frase que Benedict Anderson (1993) cunhou para descrever o processo de formação nacional, pode-se dizer que a identidade é uma "comunidade imaginada". Essa "comunidade imaginada" é construída por meio de variadas formas de representação.

É na intersecção entre representação e identidade que podemos localizar o caráter ativo de ambas. A representação não é um campo passivo de mero registro ou expressão de significados existentes. A representação tampouco é simplesmente o efeito de estruturas que lhe são exteriores: o capitalismo, o sexismo, o racismo... Os diferentes grupos sociais utilizam a representação para forjar a sua identidade e as identidades dos outros grupos sociais. Ela não é, entretanto, um campo equilibrado de jogo. Por meio da representação travam-se batalhas decisivas de criação e de imposição de significados particulares: esse é um campo atravessado por relações de poder. A identidade é, pois, ativamente produzida na e por meio da representação: é precisamente o poder que lhe confere seu caráter ativo, produtivo.

O poder está situado nos dois lados do processo de representação: o poder define a forma como se processa a representação; a representação, por sua vez, tem efeitos específicos, ligados, sobretudo, à produção de identidades culturais e sociais, reforçando, assim, as relações de poder. A representação, entretanto, não é apenas um condutor do poder, um simples ponto na mediação entre o poder como determinante e o poder como efeito. O poder está inscrito na representação: ele está "escrito", como marca visível, legível, na representação. Em certo sentido, é precisamente o poder que está re-presentado na representação. Naquela fotografia, por exemplo, típica da etnografia do século XIX, em que um sujeito colonizado é fotografado como "objeto" de conhecimento, olhando assustado para a câmara, é possível "ler" todos os rastros deixados pelas relações de poder que possibilitaram, precisamente, a existência dessa fotografia: o domínio imperial, o olhar inquisidor do fotógrafo/etnógrafo, o olhar esquivo/submetido da pessoa fotografada (ou, alternativamente, seu olhar impertinente, desafiante)... As relações de poder que funcionaram como condições de possibilidade dessa representação deixaram aí sua marca e seu rastro inconfundíveis. Mesmo que seja também função da representação apagar essas marcas e esses rastros, a representação é, pois, sempre, uma relação social, quer a encaremos como processo, quer a vejamos como produto.

É nessa conexão entre representação, identidade e poder que adquire importância a chamada "política de identidade". Compreendendo que a identidade é política, que a representação é política, os diferentes grupos sociais e culturais, definidos por meio de uma variedade de dimensões (classe, "raça", sexualidade, gênero etc.), reivindicam seu direito à representação e à identidade. As relações de poder são dependentes da definição de certas identidades como "normais", como hegemônicas. Por meio da "política de identidade", os grupos subordinados contestam precisamente a normalidade e a hegemonia dessas identidades. Nesse terreno contestado, as identidades "reprimidas" reivindicam não apenas seu acesso à representação, mas, sobretudo, seu direito a controlar o processo de sua representação.

Ironicamente, entretanto, no regime dominante de representação, a identidade dominante é a norma invisível que regula todas as identidades. Homem, branco ou heterossexual (ou todas essas coisas juntas): identidades que, por funcionarem como norma, não aparecem como tais. É o outro que é étnico. É o outro, como homossexual, que aparece como identidade inteira e exclusivamente definida pela sexualidade. A identidade feminina é marcada por falta em relação à do homem. A identidade subordinada é sempre um problema: um desvio da normalidade. Ela é, sempre, a identidade marcada. Como conseqüência, a pessoa que pertence a um grupo subordinado carrega, sempre, toda a carga e todo o peso da representação. Como identidade marcada, ela representa, sempre e inteiramente, aquela identidade. Numa sociedade em que o regime dominante de representação privilegia a cor branca, a desonestidade de uma pessoa branca é apenas isso: a desonestidade de uma pessoa ("normal"). Em troca, a desonestidade de uma pessoa negra só pode representar a inclinação natural de todas as pessoas negras à desonestidade. Eis aí a ironia fundamental: no regime dominante de representação, é a identidade subordinada a que carrega a carga, o peso, da representação.

Vinheta III

Douglas Crimp (1992) fez uma análise das representações sobre pessoas com AIDS. Ele analisou tanto fotografias que eram parte de exposições artísticas em museus quanto fotografias publicadas na mídia. Crimp vê nessas fotos uma repetição da representação usual sobre pessoas com AIDS: "que elas estão devastadas, desfiguradas e debilitadas pela síndrome; que elas estão, em geral, sozinhas, desesperadas, mas resignadas com suas 'inevitáveis' mortes" (p.118). No centro "do cultivo fetichista e da humanidade do fotógrafo há um certo desprezo pela humanidade 'ordinária' das pessoas fotografadas. Elas se tornam o 'outro': criaturas exóticas, objetos de contemplação" registra Crimp (p.125), citando Alan Sekula. Crimp adverte, entretanto, que não se deve encarar essas representações simplesmente como falsas, às quais se deveria opor, então, uma imagem verdadeira das pessoas com AIDS. Para Crimp esse tipo de representação, tem, sim, efeitos nocivos: ao provocar piedade em vez de solidariedade, elas não ajudam em nada as pessoas com AIDS. Entretanto, diz Crimp, devemos reconhecer que toda imagem de uma pessoa com AIDS é uma *representação* e formular nossas demandas políticas não em relação com a 'verdade' da imagem, mas em relação com as condições de sua construção e com seus efeitos sociais (p.126). O que essas representações fazem é justamente apagar esse contexto.

REPRESENTAÇÃO, ESTEREÓTIPO, IMAGEM

As noções de imagem e de estereótipo estão ligadas, de uma forma ou outra, à noção de representação. Sua história é provavelmente anterior à da representação como dispositivo de análise da forma como a cultura descreve/produz seus objetos. Na análise cultural contemporânea, essas noções são tidas, às vezes, como equivalentes às de representação; em outros casos, elas são consideradas como incompatíveis com a noção de representação.

A noção de estereótipo, de uso corrente na Sociologia e na Psicologia Social, designa as fórmulas simplificadas pelas quais certos grupos culturais e sociais são descritos. O estereótipo, tal como a representação em geral, é uma forma de conhecimento. No processo pelo qual buscamos conhecer o outro, o estereótipo funciona como um dispositivo de economia semiótica. No estereótipo a complexidade do outro é reduzida a um conjunto mínimo de signos: apenas o mínimo necessário para lidar com a presença do outro sem ter de se envolver com o custoso e doloroso processo de lidar com as nuances, as sutilezas e as profundidades da alteridade. O estereótipo é, assim, o resultado de um complicado compromisso. De um lado, a existência do outro me impõe colocar em ação alguma forma de conhecê-lo. De outro, esse conhecimento é restringido por uma economia semiótica, na qual a lei é a minimização do investimento afetivo e epistemológico. Nessa economia, o outro, como objeto de conhecimento, é fixado, congelado, imobilizado. O estereótipo, tal como a ideologia, é um esforço de contenção da fluidez, da indeterminação, da incerteza da linguagem e do social: "o estereótipo é a palavra repetida, fora de toda magia, de todo entusiasmo... é (...) a forma canônica, coercitiva, do significado" (BARTHES, 1977a, p.57). O estereótipo é uma tentativa de represar o excesso da significação: é uma operação de salvamento.

Nessa perspectiva, o estereótipo não pode, pois, ser visto como simplesmente falso. Ele é, em vez disso, fundamentalmente ambíguo, reunindo, ao mesmo tempo, um desejo de conhecer o outro e um impulso para contê-lo. Numa perspectiva mais psicanalítica, como a desenvolvida por Homi Bhaba (1994), por exemplo, a ambigüidade do estereótipo deve-se também à divisão psíquica que se estabelece entre a fascinação e a curiosidade que a presença do outro mobiliza e, ao mesmo tempo, a ansiedade e o medo que sua existência faz emergir. O estereótipo é a resolução desses impulsos contraditórios.

De um certo ponto de vista, o estereótipo pode ser considerado uma forma de representação. No estereótipo, o outro é representado por meio de uma forma especial de condensação em que entram processos de simplificação, de generalização, de homogeneização. Como forma de representação, o estereótipo mobiliza um arsenal considerável de estratégias e de instrumentos semióticos. O estereótipo não pode ser descrito simplesmente como uma disjunção entre um real e uma imagem, como um defeito de reflexão, de visão ou de projeção. Não se trata simplesmente do caso de que exista "lá fora" um real que o estereótipo então projeta ou reflete de forma imprecisa ou distorcida. Não se trata de uma simples questão de fidelidade, de reprodução fiel entre um original e sua imagem. Se fosse assim tão simples o estereótipo seria facilmente desmontável. É precisamente porque no estereótipo está envolvido o investimento de uma sofisticada semiótica de transformações, de deslocamentos, de condensações que ele é eficaz. Sua força está no fato de que ele lida com um núcleo que nós podemos *reconhecer* como "real" e que é, então, submetido a uma série de transformações que amplificam seu efeito de realidade.

A noção de estereótipo colide com a noção de representação, entretanto, em mais de um ponto. Em primeiro lugar, a noção de estereótipo, como demonstra até mesmo a tentativa de recuperação feita por Homi Bhabha (1994), desloca o foco da análise do nível discursivo, textual, para o nível individual, psicológico. A noção de estereótipo, ao contrário da noção de representação enfatizada pela análise cultural, está focalizada na representação mental. Nesse movimento individualizante, deixa-se de focalizar, precisamente, aquilo que na análise cultural é central: a cumplicidade entre representação e poder. Essa dimensão da noção de estereótipo desloca, de forma correspondente, a ação: da política para uma psicologia corretiva. Nessa perspectiva, o estereótipo é combatido por uma terapêutica da atitude. Sem negar que a mudança de atitude possa ter algum papel numa estratégia política global, o interesse da análise cultural está centrado nas dimensões discursivas, textuais, institucionais da representação e não nas suas dimensões individuais, psicológicas. De certa forma, as noções de estereótipo e de representação sintetizam, respectivamente, cada uma dessas diferentes preocupações.

A segunda dificuldade está precisamente na idéia de não-correspondência entre realidade e sua representação, que está associada à noção de estereótipo: ela pressupõe, de certa forma, a existência de um real que é, então, distorcido, refratado, deformado, pelo estereótipo. A estratégia cognitiva e intelectual que corresponde à essa compreensão do estereótipo consiste em contrapor ao estereótipo precisamente uma descrição "verdadeira" daquilo que o estereótipo distorce, restabelecendo, assim, a fidelidade entre o original e sua reprodução na representação. A estratégia política correspondente é exemplificada pelo esforço dos grupos que são vítimas do estereótipo em contrapor às imagens negativas, falsas, que são próprias do estereótipo, imagens positivas, mais verdadeiras. A noção de representação, tal como é utilizada na análise cultural contemporânea, ao contrário do estereótipo, não tem como premissa essa referência a algum domínio do real que tenha existência fora da representação. Nas análises baseadas na noção de representação não se trata de restabelecer a verdade, mas de tornar visíveis as relações de poder envolvidas no processo de representação.

Uma dificuldade semelhante envolve a noção de "imagem". Assim como a noção de estereótipo pressupõe um confronto com uma realidade da qual o estereótipo seria a reprodução distorcida, a noção de imagem pressupõe a existência de uma realidade que a imagem simplesmente reproduz. De certa forma, o estereótipo é um caso particular de imagem.

Contrariamente à noção de estereótipo, entretanto, a noção de imagem partilha com a noção de representação um mesmo foco na inscrição, na visibilidade, no registro. Nós podemos ver a representação, podemos apontá-la. O mesmo ocorre com a imagem. As duas noções começam a se separar, entretanto, na medida em que a noção de imagem está inscrita numa epistemologia realista. O conceito de imagem está ligado aos de imitação, reprodução, mimese, reflexo, analogia, ícone, todos eles expressando alguma forma de conexão intrínseca, necessária — uma correspondência — entre a imagem e a realidade que ela supostamente reflete, reproduz, imita: "...o real está sempre presente como critério contra o qual as imagens são julgadas, o real nunca é questionado como sendo, ele próprio, um produto da representação" (Pollock, 1990, p.203). Em contraste, a noção de representação, tal como utilizada na análise cultural, está centrada nos aspectos de construção e de produção das práticas de significação. A imagem reflete a realidade; a representação "é" a realidade. (Isto é: a realidade que importa.)

Como reflexo, a imagem mantém uma relação de passividade com a realidade. Ela se limita a reproduzi-la. A noção de imagem expressa, de certa forma, uma visão estática do processo de significação. A imagem é apenas registro. Nesse sentido, a fotografia, tal como comumente entendida, é a imagem por excelência. A representação, por outro lado, é ativa e produtiva em mais de um sentido. Como estratégia discursiva, ela produz os objetos de que fala. Além disso, ela não pode ser produzida sem a ativa mobilização de um repertório de recursos semióticos, retóricos, estilísticos. Finalmente, a representação, como já vimos, além de objetos, produz sujeitos.

Vinheta IV

Edward Said, no livro *Orientalismo*, foi um dos primeiros a demonstrar alguns dos potenciais que a noção de representação veio a ter na análise cultural.[5] Neste livro, ele desenvolve a idéia de que o Oriente não é um dado empírico, mas uma criação de uma forma particular ocidental de saber: o orientalismo. O orientalismo é uma forma de representação:

O que ele diz e escreve, devido ao fato de ser dito e escrito, quer indicar que o orientalista está fora do Oriente, tanto existencial como moralmente. O principal produto dessa exterioridade é, claro, a representação. A minha análise do texto orientalista, portanto, enfatiza a evidência de tais representações como *representações*, e não como descrições "naturais" do Oriente. O que se deve procurar são os estilos, as figuras de linguagem, os cenários, os mecanismos narrativos, as circunstâncias históricas e sociais, e *não* a correção da representação, nem a sua fidelidade a algum grande original. A exterioridade da representação é sempre governada por alguma versão do truísmo segundo o qual se o Oriente pudesse representar a si mesmo, ele o faria; visto que não pode, a representação cumpre a tarefa para o Ocidente e, *faute de miex*, para o pobre Oriente. O fato de que o orientalismo tenha qualquer sentido depende mais do Ocidente do que do Oriente, e esse sentido é diretamente tributário das várias técnicas ocidentais de representação que tornam o Oriente visível, claro e "lá" no discurso sobre ele. E essas representações utilizam-se, para os seus efeitos, de instituições, tradições, convenções e códigos consentidos, e não de um distante e amorfo Oriente.

Realismo e representação

A representação adquire seu máximo rendimento quando revestida de sua forma realista. Sua eficácia depende, em grande parte, das premissas realistas de que vem acompanhada. O realismo, como sabemos, é formado pelo pressuposto de que a representação — nas artes, na fotografia, na literatura — reflete, mimeticamente, o mundo, a "realidade": "...o termo [realismo] é útil na distinção entre formas que tendem a apagar a sua própria textualidade, a sua existência como discurso e aquelas que explicitamente chamam a atenção para a textualidade" (Belsey, 1982, p.58). Da perspectiva realista, os meios da representação — fundamentalmente, a linguagem — funcionam para nos apresentar, de forma transparente, a "realidade". Sem a premissa realista, o que se torna transparente são os mecanismos e os artifícios pelos quais a representação fabrica sua "realidade".

A análise cultural tem problematizado o realismo nos diversos campos da produção cultural: nas artes em geral, no cinema, na fotografia, na literatura, até mesmo nas ciências. Na literatura, por exemplo, o realismo, tal como analisado por Barthes (S/Z) foi central à novela do século XIX. Aqui, os códigos e os artifícios literários funcionam para dar ao leitor e à leitora a ilusão de um contato direto com a realidade: "a narração não parece ser a voz de um autor; sua fonte parece ser uma realidade que fala por si própria" (Coward & Ellis, 1977, p.49). A narrativa cinematográfica é, em grande parte e fundamentalmente, realista. É difícil imaginar o cinema sem a ilusão de realidade proporcionada pela construção narrativa: é significativo que um filme como *Janela indiscreta* (Hitchcock), em que um casal olha o "mundo" a partir da janela de seu apartamento, seja considerado como uma metáfora adequada do próprio cinema. A fotografia é a forma de representação realista por excelência. Tudo, na fotografia, funciona para nos dar a impressão de que a representação "é" a realidade: "a fotografia apaga a marca de sua produção (e do seu produtor) no momento do clique do diafragma: a fotografia parece ter sido autogerada" (Solomon-Godeau, 1991, p.180). As artes visuais em geral, apesar da subversão introduzida pelos vários movimentos modernistas, são ainda, em boa parte, dependente das premissas realistas.

No realismo, a representação funciona para apagar os vestígios do trabalho que a produziu. O realismo supõe, fundamentalmente, uma equivalência entre representação e "realidade", entre significante e significado. Essa equivalência, entretanto, só pode ser obtida à custa da ocultação do processo de sua produção. A representação realista é, não obstante, representação: resultado de um complexo processo de significação. A representação realista *não é*, afinal de contas, idêntica à realidade: sua "coincidência" é apenas um efeito de construção, de mágica, de artifício. Os significantes da representação realista não passam, apesar de tudo, disso: de significantes. Ironicamente, a "realidade" que o realismo supõe simplesmente apresentar é uma ilusão: em troca, é bem "real" a realidade que ele produz.

O realismo nos força a ver a representação tão-somente como produto: um produto fixo, acabado, imóvel. As convenções, os códigos, os artifícios de construção utilizados pelo realismo têm a função de cerrar o jogo da significação, apresentando-nos, em troca, o conforto e a certeza do familiar, do reconhecível. No realismo, tenta-se suprimir a produtividade da representação para dar lugar à imobilização do já visto, à sensação de "realidade". Ao ocultar as condições de sua produção, o realismo congela a significação, paralisa a representação no seu estado de identidade com o real. A premissa da identidade entre representação e representado, entre significante e significado, que funda o realismo, naturaliza o "mundo". A representação realista é fundamentalmente conformista: até mesmo (ou principalmente) quando faz denúncia social.

Além de naturalizar o mundo, entretanto, o realismo também o essencializa. Suprimido o trabalho de produção, o jogo da significação fica reduzido à busca da essência: "a narrativa realista funciona para descobrir um mundo de verdade, um mundo sem contradições, um mundo — homogêneo — de aparências, sustentado por essências" (COWARD & ELLIS, 1977, p.49). No domínio da representação realista, a produtividade da significação cede lugar à imobilidade do significado transcendental. O essencialismo congela o significado. Ele é original: tem uma origem e ela não é deste mundo. Ele é eterno: existiu e existirá para todo sempre. No realismo, a "família", por exemplo, é uma essência que existe fora da história e da representação: confunde-se com a natureza.

Efeitos de realidade (Barthes), efeitos de verdade (Foucault), metafísica da presença (Derrida): expressões variadas pelas quais o pós-estruturalismo expôs as ilusões criadas pelo realismo. São três momentos em que a representação é revelada em toda sua condição de "coisa feita" — fetiche, feitiço (Latour, 1996). Barthes expõe os processos de construção pelos quais a representação nos aparece como idêntica à realidade, subvertendo, assim, seu efeito de realidade. Com Foucault, o valor de verdade da representação deixa de ser visto como uma função do maior ou do menor grau de coincidência com o real para ser concebido, pura e simplesmente, como um efeito do discurso, em sua conexão com o poder. Com Derrida, a representação é caracterizada, definitivamente, como o resultado de uma cadeia diferencial de significantes e não como o lugar onde se aloja a presença do significado. Juntos, eles subtraem a representação do mundo da "realidade" que ela supostamente retrata, fazendo retorná-la ao mundo ao qual verdadeiramente pertence: o mundo do discurso, da linguagem e das "coisas feitas". Depois deles será impossível ao realismo reivindicar, de volta, o direito à representação.

Vinheta V

Catherine Lutz e Jane Collins analisaram o estilo fotográfico da revista *National Geographic*, descrevendo a fotografia como o local de cruzamento de sete tipos de olhares: do fotógrafo; da revista; do/a leitor/a; do sujeito não-ocidental; do sujeito ocidental; o olhar refratado do outro (o outro se vendo como os outros o vêem); o olhar acadêmico:

> Todas as fotografias contam estórias sobre o olhar. Esses olhares são ambíguos, carregados de sentimento e de poder. Não se

trata simplesmente de uma visão capturada do outro, mas, antes, de um local dinâmico no qual se interseccionam muitos olhares. A fotografia e a pessoa não-ocidental partilham um atributo fundamental: ambos são objetos para os quais nós *olhamos*. As linhas de olhar perceptíveis na fotografia sugerem as múltiplas forças em funcionamento na criação do significado fotográfico. A posição do espectador tem o potencial de reforçar ou de articular o poder do observador sobre o observado. As relações sociais coloniais são levadas a efeito por meio de um "regime de visibilidade" no qual o olhar é crucial tanto para identificar o outro quanto para mostrar como o discurso racista pode enquadrar o eu espelhado como o outro dentro de si mesmo. A fotografia e todas as intersecções dos olhares que ela carrega constituem, pois, um espaço no qual tem lugar essa identificação e, ao mesmo tempo, o conflito constituído pelo esforço de manutenção de uma visão estereotipada da diferença. O papel crucial da fotografia no exercício do poder reside em sua capacidade para permitir o estudo íntimo do Outro. A multiplicidade de olhares está na raiz da ambigüidade da foto, cada olhar sugerindo, potencialmente, uma forma diferente de ver a cena.

REPRESENTAÇÃO E VISÃO:
ENTRE O VISÍVEL E O DIZÍVEL

A representação está estreitamente associada ao olhar, à visão. De uma forma ou de outra, a questão do olhar, tal como a da representação, tem estado no centro da análise cultural. O papel do olhar masculino na objetificação da mulher, por exemplo, tem sido central à análise feminista do filme (KAPLAN, 1997; MULVEY, 1988). *Olhos imperiais* (*Imperial eyes*) é o título de um importante livro da área de análise cultural conhecida como "pós-colonialismo" (PRATT, 1992). Visão e representação, observação e registro, são também inseparáveis nas estratégias de inscrição utilizadas pela ciência (CRARY, 1992) e na construção da moderna teorização social (JAY, 1994). A representação é diretamente dependente de um regime escópico, de um regime da visão. Da perspectiva da análise cultural, visão e representação, em conexão com o poder, se combinam para produzir a alteridade e a identidade.

A visão — nua ou artificialmente, proteticamente, aumentada — situa-se, de certa forma, entre a representação e o representável. Inquiridor, o olhar esquadrinha o campo das coisas visíveis: o que ele retorna é a representação. Postular, dessa forma, a visão como elemento de mediação não significa, entretanto, retornar a algum tipo de realismo, renunciando, assim, à reivindicação do caráter construído e indeterminado da representação. Dizer que a representação é o resultado da operação pela qual o olhar escrutina o campo das coisas visíveis não é o mesmo que dizer que a representação é constituída *exatamente* pela presença das coisas visíveis. Aquilo que, através do olhar, a representação retorna não são as coisas visíveis: algo que o olhar surpreendeu num instantâneo que por um momento, um breve momento, possa ter escapado ao artifício da representação. Pois, na verdade, a observação nunca se dá a olho nu: entre ela e as coisas se interpõe, já, a linguagem. Ao retornar, na representação, é de novo a linguagem que se atravessa no caminho. Postular a existência do visível, em oposição ao dizível, como fez Foucault, não significa, pois, renunciar à representação, mas tão-somente reconhecer o papel ativo da visão na formação da representação.

Há, como vimos, uma conexão necessária entre representação e poder. Há, da mesma forma, uma conexão correspondente entre visão e poder. Por seu caráter ativo, a visão é, de todos os sentidos, talvez aquele que mais expresse a presença e a eficácia do poder. Muitas das operações próprias do poder se realizam e se efetivam no olhar, por meio do olhar. É pelo olhar que o homem transforma a mulher em objeto: imobilizada e disponível para seu desfrute e consumo. O olhar imperial que soberanamente tudo abarca, que tudo descortina na paisagem colonial, expressa, mais que tudo, o domínio do colonizador sobre os lugares e as pessoas (PRATT, 1992). O olhar do fotógrafo oficial no instantâneo policial é a expressão mais concreta do poder estatal e institucional para julgar e punir: sua contraparte é o olhar assustado, impotente, raras vezes desafiante, da pessoa assim fixada. O olhar relaxado, confortável, benevolente, superior (um olhar de pálpebras levantadas), de qualquer pessoa em posição de autoridade contrasta com o olhar humilhado, atemorizado, de reverência (um olhar de pálpebras abaixadas) da pessoa em posição inferiorizada. Há ainda o olhar científico, o olhar médico, que congela, paralisa a humanidade da pessoa observada para perscrutá-la apenas como objeto de conhecimento. O olhar total, panóptico, que tudo vê é a expressão suprema de um controle e de um poder que, na sua eficácia visual, pode se dar ao luxo de dispensar a força e a violência (FOUCAULT, 1977). Em suma, visão e poder estão mutuamente, indissoluvelmente, implicados.

É na representação, entretanto, que o poder do olhar, o olhar do poder, se materializam; é na representação que o visível se torna dizível. É na representação que a visibilidade entra no domínio da significação. A visibilidade sem a representação realiza apenas a metade do percurso que liga a visão com a linguagem: aqui as coisas visíveis são vistas, já, como dependentes do significado, como dependentes de representações anteriores. Só adquirem, entretanto, um significado adicional, uma mais-valia de significação, quando se materializam num significado que exceda à visibilidade: quando se tornam representação.

É também na representação que se encontram, se cruzam, os diferentes olhares que, no domínio da visibilidade, antecedem a representação: o olhar de quem representa, de quem tem o poder de representar;

o olhar de quem é representado, cuja falta de poder impede que se represente a si mesmo; o olhar de quem olha a representação; os olhares, eles mesmos cruzados, das pessoas situadas, na representação, em posições diferentes de poder. A representação não é, pois, apenas o resultado de um olhar que, então, se retira, cumprida sua missão, para o reino das coisas visíveis. O olhar, como uma relação social, sobrevive na representação. O olhar é, nesse sentido, não apenas anterior à representação: ele é também seu contemporâneo.

É possível postular a mutualidade, a horizontalidade, do olhar? É possível reivindicar o poder subversivo, rebelde, do olhar desafiante, irreverente? Será inevitável ao olhar servir de mediador apenas de relações de saber e de poder que objetificam, que inferiorizam o outro? Seremos obrigados, se quisermos compensar, de alguma forma, sua tendência verticalizante, a recorrer a um sentido sabidamente mais inclinado à simetria e à horizontalidade, como o ouvir e o escutar? Perguntas similares podem ser feitas a respeito da representação. Será possível separar, de alguma forma, a representação de sua cumplicidade com o poder?

Vinheta VI

Não são apenas as pessoas, individualmente ou em grupo, que são tomadas como objeto da representação. É, de fato, a subjetividade que, ao final, está implicada na representação, mas ela passa também pela representação de lugares como, por exemplo, na análise que Mary Pratt faz da literatura colonial e imperial de viagem no seu livro *Imperial eyes*. No capítulo 9, ela focaliza os relatos de viajantes britânicos do período vitoriano, bem como relatos contemporâneos de viagem. Depois de citar uma descrição típica desse tipo de relato, feita por Richard Burton, após ter "descoberto" o Lago Tanganika, na África, ela diz:

Como regra, na "descoberta" de lugares como o Lago Tanganika, o explorador se dirigia à região e perguntava aos habitantes locais se eles conheciam algum grande lago na área etc., contratava-os para levá-lo até lá, após o quê, sob sua orientação e apoio, ele descobria o que eles já sabiam. Assim, a descoberta consistia de um gesto por meio do qual se convertiam saberes locais (discursos) em saberes europeus associados às formas e às relações de poder européias. A "descoberta" em si não tem nenhuma existência própria. Ela só se "torna" real depois que o viajante retorna ao seu país e a transforma em textos. Aqui a linguagem torna-se encarregada de criar o mundo da forma mais individual possível. Ao analisar a retórica vitoriana da descoberta, considerei ser útil identificar três meios convencionais que criam valor qualitativo e quantitativo para a realização do explorador. Primeiramente e acima de tudo, a paisagem é *estetizada*. A vista é olhada como uma pintura e a descrição é ordenada em termos de fundo e de figura, de simetrias entre as espumas da água e as brumas das montanhas. Em segundo lugar, busca-se a *densidade do significado*. A paisagem é representada como extremamente rica em material e em substância semântica. Essa densidade é obtida especialmente por meio de um número enorme de adjetivos — quase não há, no texto, um nome que não seja modificado por um adjetivo. A terceira estratégia é a relação de *domínio* entre o observador e aquilo que é observado. A metáfora da pintura é, ela própria, sugestiva. Se a cena é uma pintura, então Burton é tanto o observador que está lá para julgá-la e avaliá-la, quanto o pintor verbal que a produz para outros.

A POÉTICA E A POLÍTICA DO CURRÍCULO

Como local de conhecimento, o currículo é a expressão de nossas concepções do que constitui conhecimento. Em geral, a noção de conhecimento que aí se expressa é fundamentalmente realista. Existe um mundo objetivo de fatos, de coisas, de habilidades ou, no máximo, de significados fixos, que devem ser transmitidos. Nessa concepção, o currículo não passa de um repertório desses elementos. Cabe à didática, à metodologia, à pedagogia, encontrar a melhor maneira de transmitir esse repertório estático, morto, de elementos da realidade descobertos, refletidos, espelhados, pelo conhecimento. Nessa perspectiva, o mundo "real" não está representado no conhecimento e no currículo: o mundo real é, aí, uma *presença*; ele se apresenta aí diretamente, sem a intermediação da representação. Trata-se de uma concepção do conhecimento e do currículo como presença: presença do real e do significado no conhecimento e no currículo; presença do real e do significado para quem transmite e para quem recebe.

O currículo não é, entretanto, como supõe a concepção realista, um local de transmissão de conhecimento concebido como mera revelação ou transcrição do "real". O currículo, tal como a linguagem, não é um meio transparente, que se limita a servir de passagem para um "real" que o conhecimento torna presente. O currículo é também representação: um local em que circulam signos produzidos em outros locais, mas também um local de produção de signos. Conceber o currículo como representação significa vê-lo como superfície de inscrição, como suporte material do conhecimento em sua forma de significante. Na concepção do currículo como representação, o conhecimento não é a transcrição do "real": a transcrição é que é real.

Na concepção realista e objetivista do currículo não há, evidentemente, lugar para considerar relações de poder. Na suposta correspondência entre, de um lado, o mundo dos fatos e dos significados fixos e, de outro, o currículo e o conhecimento, não existe lugar para nenhuma mediação, muito menos para uma mediação realizada por meio de relações de poder: essa correspondência é simplesmente um fato da natureza e da vida. A concepção realista de conhecimento e de currículo é também uma concepção que suprime qualquer noção de política. O mundo estático e morto das coisas e dos significados fixos é um mundo sem disputa, sem contestação. Ele está simplesmente ali: é um dado.

A superfície de representação que é o currículo é, pois, uma área altamente contestada. Representar significa, em última análise, definir o que conta como real, o que conta como conhecimento. É esse poder de definição que está em jogo no currículo concebido como representação. A representação, como prática de linguagem, consiste precisamente na tentativa de domesticar o processo selvagem, rebelde, da significação. A representação é uma tentativa — sempre frustrada — de fixação, de fechamento, do processo de significação. Fixar, fechar: é nisso, precisamente, que consiste o jogo do poder. Como terreno onde se joga o jogo da significação e da representação, o currículo é, assim, objeto de uma disputa vital.

Estaremos nos aproximando de uma concepção do currículo como representação, como local — disputado — de construção de objetos de conhecimento, se começarmos a vê-lo, primeiramente, como texto, como discurso, como signo, como prática de significação. Nessa concepção alternativa, o conhecimento, tal como o significado, não pode ser separado de sua existência como signo, de sua existência material como objeto lingüístico. O signo não reflete, aqui, simplesmente, transparentemente, univocamente, de forma não-problemática, significados cuja existência pode ser traçada a um mundo extralingüístico. Na perspectiva que vê o conhecimento e o currículo como representação, o signo está envolvido de forma ativa, cúmplice, na produção daquilo que conta como conhecimento e como currículo. Nesse processo de produção, o signo é não apenas objeto de disputa: ele é, mais do que isso, local de luta e de conflito. O signo é, aqui, um campo de forças cujos vetores são relações de poder. O currículo seria, assim, uma luta em torno do signo, da representação.

Conceber o currículo como texto, entretanto, não significa vê-lo como texto simplesmente *legível*, na acepção de Barthes. Isto é, o conhecimento corporificado no currículo não deveria estar ali como um texto apenas para ser objeto de um ato de interpretação que se limitasse a buscar sua correspondência com um conjunto de significados cuja existência pudesse ser traçada a uma autoria, a uma intenção, a uma realidade anterior. Nessa concepção, frente a um texto só cabe a pergunta: qual é seu referente, a que significado (prévio) ele se refere? Conceber o currículo como texto significa vê-lo, antes, como texto *escrevível*, outra vez, no sentido de Barthes. Aqui, o texto se abre integralmente para sua produtividade. A interação com o texto não se limita, nessa perspectiva, a detectar a presença de um significado ao qual o texto se refere univocamente. O texto aparece, aqui, na sua existência como escrita, no sentido que Derrida lhe atribuiu. No texto como escrita o significado não existe num domínio separado, autônomo, daquele do significante: o significado só existe por meio do significante, mas não como presença e, sim, como traço que o liga, numa cadeia de diferenças, a outros significados. Nessa concepção, o texto é a tentativa de fixação de um significado que, não obstante, sempre nos escapa. É essa indeterminação, essa instabilidade, que confere ao significante, ao texto, sua produtividade: ele se torna, assim, plenamente escrevível.

Conceber o currículo como representação significa, pois, destacar o trabalho de sua produção, significa expô-lo como o artefato que é. Ver o currículo como representação implica expor e questionar os códigos, as convenções, a estilística, os artifícios por meio dos quais ele é produzido: implica tornar visíveis as marcas de sua arquitetura. Há lugar aqui para uma poética do currículo. Da perspectiva de uma poética do currículo, ele não é visto como a pura expressão ou registro de uma realidade ou de um significado preexistente: ele é a criação lingüística, discursiva, de uma realidade própria. Uma poética do currículo como representação chama a atenção para a medida na qual o conhecimento é dependente de códigos, de convenções: de recursos retóricos. Esses recursos retóricos estruturam a representação que constitui o currículo. Sua eficácia emotiva, seu efeito de realidade, não podem ser desvinculados dos elementos estéticos que, precisamente, fazem com que ele seja, antes de tudo, representação. Nessa perspectiva, o foco não é o significado, mas o significante. Numa poética do currículo, o significante não aparece simplesmente como o meio transparente por meio do qual o significado se expressa: o significante é que é a matéria-prima da representação.

Mas conceber o currículo como representação significa também enfatizar que os recursos retóricos que dirigem sua poética não têm objetivos ou efeitos meramente ornamentais ou estéticos: sua utilização está estreitamente ligada a relações de poder. A eficácia emotiva que é proporcionada pelos recursos poéticos mobilizados na sua construção não se esgota na estética de sua construção. A representação é sempre uma representação *autorizada*: sua força e sentido dependem também dessa autoridade que está necessariamente ligada ao poder. O processo de significação é também um jogo de imposição de significados, um jogo de poder. O texto que constitui o currículo não é simplesmente um texto: é um texto de poder. Além de uma poética é necessário, pois, que tenhamos também uma política do currículo. Conceber o currículo como representação implica vê-lo, simultaneamente, inseparavelmente, como poética e como política. Seus efeitos de poder são inteiramente dependentes de seus efeitos estéticos; inversamente, seus efeitos estéticos só fazem sentido no interior de uma economia afetiva movimentada pela obtenção de efeitos de poder.

Embora a noção de currículo como representação tenha uma implicação ampla e abrangente, é na análise do papel do currículo na produção da identidade e da diferença social que ela se mostra particularmente útil. Como sabemos, há uma estreita ligação entre o processo de produção lingüística da identidade e da diferença que caracteriza a representação e a produção cultural e social da identidade e da diferença. A produção da identidade e da diferença se dá, em grande parte, na e por meio da representação. Como representação, o currículo está diretamente envolvido nesse processo. É aqui, nessa intersecção entre representação e identidade, que o currículo adquire sua importância política. A representação, em conexão com o poder, está centralmente envolvida naquilo que nos tornamos. Não há identidade nem alteridade fora da representação. O currículo é, ali, naquele exato ponto de intersecção entre poder e representação, um local de produção da identidade e da alteridade. É precisamente, aqui, nesse ponto, que o currículo, tal como o conhecimento, se torna um terreno de luta em torno da representação.

NOTAS

[1] Não tive acesso ao livro de Hevey. Baseio-me numa resenha do livro feita por Anne Finger.

[2] Na tradução brasileira de *S/Z*, traduz-se *scriptible* por "escrevível" (Barthes, 1992, p.38). Na tradução de *Roland Barthes por Roland Barthes*, utiliza-se "escriptível" (Barthes, 1977b, p.127).

[3] Estranhamente, num livro recente (trata-se de um livro didático da Open University) que focaliza a noção de representação no âmbito dos Estudos Culturais, Stuart Hall adota uma posição que restaura a definição mentalista, psicologizante, saussureana, de signo. Stuart Hall postula, aqui, a existência de *dois* sistemas de representação! Em primeiro lugar, afirma ele, "há o 'sistema' pelo qual todo tipo de objetos, de pessoas e de eventos é correlacionado com um conjunto de conceitos ou *de representações mentais* que carregamos em nossas cabeças" (Hall, 1997, p.17, ênfase dele: eu enfatizo, em troca, "em nossas cabeças"). Para ele, "a linguagem é o segundo sistema de representação" (p.18). Stuart Hall restaura, assim, a existência de um mundo pré-lingüístico de significação. Stuart Hall não se limita, aqui, a restaurar Saussure: ao

postular a existência de *dois* sistemas de representação, ele o radicaliza. Como poderíamos imaginar que caberia a Stuart Hall, entre todas as pessoas, restaurar a metafísica da presença na análise cultural da representação? Sua caracterização da noção de representação, nesse livro específico, contraria, de forma flagrante, a ênfase no processo de significação como inseparável da linguagem, do texto, do discurso, da escrita, que tem caracterizado a análise cultural contemporânea.

[4] Evidentemente, nessa frase "representação" está no lugar de "significado", no sentido mentalista de Saussure.

[5] Nesta e nas vinhetas V e VI, a citação é uma montagem de frases selecionadas de várias passagens do texto em questão. Elas não têm essa seqüência no texto original. Por questões de clareza, optei por não indicar aqui as supressões.

O CURRÍCULO COMO FETICHE

O fetiche deve sua existência à ambigüidade. É simultaneamente europeu e africano. Apresenta-se como visceralmente material, mas invoca, ao mesmo tempo, o que há de mais inapelavelmente transcendental. É matéria e é espírito. Humano e divino. Conceito e coisa. Autônomo e dependente. Tem um pé neste mundo e um olho no outro. O fetiche, num mesmo movimento, afirma e nega. Fascina e repugna. Reafirma a centralidade do sujeito europeu no mesmo gesto em que denuncia seu fascínio e sua curiosidade pelo outro colonizado. Autentica, por um momento, a autonomia do sujeito apenas para, no seguinte, pô-la em dúvida. O fetiche é presença e ausência. Aqui está ele; já se foi. Olha ali: ele parece ter vida própria; olha de novo: já não tem mais. Em sua metamorfose sexual, freudiana, movimenta-se constantemente entre o todo e a parte, o genuíno e o substituto, o mesmo e o diferente. Quando põe sua máscara social, marxiana, confunde coisa com gente e, inversamente, gente com coisa. O fetiche é um ser ambíguo, híbrido, limítrofe, fronteiriço. O fetiche é feiticeiro.

O fetiche era, na sua primeira encarnação, no medievo português, "feitiço", nomeando certas práticas mágicas relacionadas com as artes — é lógico — da "feitiçaria". Transplantado para as zonas de contato da conquista colonial, virou *fetisso*, voltando, depois, finalmente, afrancesado, como "fetiche". Feitiço, *fetisso*, *fétiche*, fetiche: as pegadas da trajetória da palavra confundem-se com as pegadas da história do conceito, denunciam suas origens. No começo, em território europeu, designava práticas mágicas de grupos marginais relativamente à religião dominante. No entrechoque dos "encontros" coloniais, são as práticas supostamente mágicas e irracionais do "outro" colonial que passam a merecer a depreciativa designação. Finalmente, ao regressar, por assim dizer, ao território europeu, recuperado pela crítica social (Marx, Freud), são certas práticas características da "moderna" sociedade ocidental (sexuais, econômicas, sociais) que, numa inversão da "acusação" original, são vistas como fetichistas.

Ironicamente, é, hoje, a própria crítica social fundamentada na noção de fetiche que se vê por ele ameaçada. Numa era em que se torna impossível distinguir entre, de um lado, o genuíno, o autêntico, o essencial, o puro, o verdadeiro e o original, e, de outro, o ilegítimo, o alterado, o impuro, o substituto, o falso e o falsificado, é, outra vez, o fetiche, como ser híbrido e mestiço, que coloca em questão uma crítica social que depende, precisamente, dessas distinções (Latour, 1996). Na verdade, nem mesmo a crítica social que pretende ter superado essas distinções essencialistas — o Pós-estruturalismo, os Estudos Culturais — escapa à maldição do fetiche. Situado no limite entre o "material" e o "social", o fetiche retorna para assombrar uma crítica fundamentada na hipótese de um construcionismo social que depende, precisamente, de uma rígida separação entre esses dois domínios.

O fetiche sobrevive, pois, apesar de tudo, tal como demonstrado por uma abundante literatura (Apter e Pietz, 1993; Gamman e Makinen, 1994; Shelton, 1995; Mulvey, 1996; Steele, 1997; Spyer, 1998), como um importante instrumento de crítica cultural. Por sua própria índole — escorregadia, manhosa, arteira, lúdica — o fetiche, como a crítica cultural, navega contra a corrente, contra o estabelecido e contra a ortodoxia. Num mundo tão estreitamente controlado, o fetiche, sempre inapreensível, sempre inalcançável, sempre excedente, pode ser, talvez, o último recurso da crítica cultural. Valeria, aqui, perguntar com William Pietz (1996, p.203): "podemos aprender algo importante ao identificar o estranho poder exercido por objetos rituais sagrados, por mercadorias sedutoramente desejáveis, por objetos de uma fascinação sexual perversa, e por certas obras de arte profundamente comoventes?". O fetiche é, em suma, no dizer de Emily Apter (1993, p.8), parafraseando Lévi-Strauss, algo que é *bon à penser*. O fetiche é bom para pensar. Mais do que isso: nós deveríamos, talvez, como sugere E. L. McCallum (1999), aprender "como fazer coisas com o fetichismo".

Não seria o fetiche bom também para pensar o currículo e a pedagogia? Por um lado, o conhecimento corporificado no currículo tem sido pensado e tratado tradicionalmente como uma coisa à qual se atribui certos poderes transcendentais, quase extra-humanos. Por outro, a crítica educacional tem denunciado precisamente seu caráter construído, humano, social. O currículo é, pois, um fetiche nos dois sentidos: para os "nativos" que são incapazes de percebê-lo como produto de sua própria criação; para os "forasteiros" que, contrariamente, são capazes de perceber o engano em que estão envolvidos os "nativos", denunciados, então, como fetichistas. Uma terceira alternativa, justamente a que será tentada neste ensaio, consistiria em explorar a ambigüidade do fetiche. Nem a "ingenuidade" dos "nativos", nem a "lucidez" dos "forasteiros", mas a manha e a malícia de quem sabe que o fetiche se situa exatamente naquela zona obscura em que se encontram, clandestinamente, as coisas propriamente ditas e as "coisas feitas", o humano e o transcendental, a natureza e a cultura, o pré-social e o social.

O currículo é um fetiche? Não sei, talvez sim, talvez não. Mas a boa pergunta talvez não seja essa e sim esta outra: e se o currículo fosse um fetiche? É nesse modo mais hipotético, mais de "faz-de-conta", mais lúdico, que faço um convite para que exploremos todas as implicações dessa possibilidade. Mas antes, este outro convite: o de uma excursão, de uma incursão, pelo fascinante território da história e da genealogia do fetiche.

Genealogia do fetiche

Fetiche e fetichismo estão identificados, hoje, inextricavelmente, com Freud e com Marx, com a sexualidade e com a mercadoria. Carregam, assim, indelevelmente, as marcas e as conotações que lhes foram dadas por essas admiráveis teorizações da sociedade contemporânea. O que essa conexão faz esquecer é que o fetiche e o fetichismo têm uma origem mais remota, uma história mais antiga. É nessa origem e nessa história que se podem buscar outros significados do fetiche — significados que foram deslocados, transformados e até mesmo invertidos pelas geniais especulações teóricas dos dois grandes mestres.

A história do fetiche começa na Europa medieval: mais precisamente, em Portugal. Nesse contexto, a palavra "feitiço" era utilizada para designar uma série de práticas "espirituais" que não se enquadravam na interpretação da religião dominante: artes mágicas, curandeirismo, malefícios, superstições, adivinhação. Foi à palavra que nomeava esse repertório de práticas conhecidas que os primeiros colonizadores portugueses da costa africana, no século XV, recorreram para nomear as práticas desconhecidas das populações dos territórios que começavam a colonizar. Assimilar o desconhecido ao conhecido: foi a maneira encontrada para lidar com a diferença, com o estranho, com o inusitado.

Nesse contexto, "feitiço" passou, pois, a designar uma série de práticas espirituais heterogêneas dos nativos. Por meio da palavra "feitiço", entretanto, essas práticas heterogêneas se unificavam numa idéia central: tratava-se, sempre, de atribuir a um determinado objeto, natural ou fabricado, o poder de causar certos efeitos: curar, fazer mal a outrem, proteger contra certos males, dar sorte... Como diz William Pietz (1985), o que caracteriza fundamentalmente o fetiche é sua irredutível materialidade. Diferentemente da idolatria, na qual um determinado objeto, baseado em alguma idéia de similaridade, apenas representa uma determinada divindade — "falsa", na interpretação da religião dominante — que o transcende, no fetichismo, o poder e a força se situam na própria coisa. O fetiche não tem transcendência. O fetiche não é um signo. Como diz Peter Pels (1998), há duas maneiras de dizer que as coisas se manifestam. Na primeira, elas se manifestam porque são animadas por algo além delas. Na segunda, elas se manifestam por meio de sua própria "voz". Peter Pels caracteriza a primeira como descrevendo um espírito que reside *na* matéria; a segunda, como um espírito que é *da* matéria. No campo do estudo das religiões, a primeira caracterizaria o animismo; a segunda, o fetichismo.

Mais do que um conceito de explicação da religião africana, entretanto, o "fetiche" e o "fetichismo" eram utilizados, nesse contexto de "encontro" cultural, pelos colonizadores portugueses e, depois, pelos colonizadores holandeses, de um modo pragmático, como forma de explicar e de solucionar os impasses colocados pelo conflito entre dois sistemas diferentes e incompatíveis de atribuição de valor às coisas: de um lado, uma noção de valor baseada na troca mercantil — um valor mensurável, calculável; de outro, uma noção de valor puramente espiritual e, além disso, incomodamente casual, errático. Nesse contexto, pragmaticamente, o fetiche não era um problema religioso, mas um problema comercial. As crenças fetichistas interferiam com a lógica mercantil do comércio colonial.

Foram os relatos dos viajantes europeus (holandeses, franceses), entretanto, que concederam ao fetiche e ao fetichismo todo o seu poder de explicação das sociedades africanas. É em sua nova identidade como "fetiche", assim afrancesado, que o conceito aparece, na literatura européia de relatos de viagem à costa africana, como explicação total do funcionamento daquelas sociedades. Nesses relatos, é o fetichismo que aparece, em oposição à lei e ao contrato das sociedades européias, como o princípio organizador das sociedades africanas, um princípio que explicaria, assim, a desordem, a arbitrariedade, a irracionalidade, daquelas sociedades: "para os europeus que buscavam trocar mercadorias e estabelecer relações sociais confiáveis para facilitar esse comércio, a idéia do Fetisso emergiu como uma explicação pragmaticamente totalizada e totalizante do caráter estranho das sociedades africanas e dos problemas especiais que eles próprios encontravam ao tentar conduzir atividades mercantis racionais com essa gente pouco iluminada" (PIETZ, 1988, p.116).

Para além dessa interferência das práticas fetichistas nas atividades comerciais dos colonizadores europeus, entretanto, o fetichismo funcionou — tendo como fonte os relatos de viagens — como um contraste conveniente para as doutrinas iluministas do século XVIII. O fetichismo fornecia um contraste conveniente para as noções de progresso, de ciência e de racionalidade desenvolvidas pelo Iluminismo. O fetichismo aparecia como a perfeita oposição, como o "outro" — irracional, supersticioso, imoral — da racionalidade iluminista. Na descrição de William Pietz, é o livro do mercador holandês Willem Bosman, *A new and accurate account of the Coast of Guinea*, que aparece como a fonte autorizada da imagem da África negra que iria ser construída pelo Iluminismo europeu. Tendo viajado para a costa da Guiné com a idade de 16 anos, em 1688, Bosman tornou-se Mercador Chefe da holandesa Companhia das Índias Ocidentais em 1698. Ele escreveu o livro em 1702, após ter sido demitido de suas funções em 1701. A descrição que Bosman faz do fetichismo (um termo que só seria criado mais tarde por de Brosses) delineia aquela que iria constituir a teoria européia iluminista sobre o funcionamento das sociedades africanas: superstição; irracionalidade; atribuição errada de causalidade; manipulação da ignorância geral por "sacerdotes" inescrupulosos. A inclinação dos africanos a atribuir intenções a coisas invertia a ordem moral baseada na intencionalidade pessoal e humana. Sua insistência em atribuir a certos objetos a capacidade de causar efeitos extraordinários subvertia a idéia de causalidade que era central a uma ciência empírica da natureza:

> Ao longo de todo o livro de Bosman, a adoração ao fetiche aparece como a chave para a sociedade africana, considerada como um problema teórico. A tese explícita de Bosman era que a religião do fetiche constituía a perversão do verdadeiro princípio da ordem social: o interesse. A superstição institucionalizada — a religião dos fetiches — era interpretada por Bosman como a força social específica que bloqueava atividades de mercado que, não fora isso, seriam espontâneas e naturais, produzindo uma economia saudável e uma ordem social verdadeiramente moral (PIETZ, 1988, p.121).

A descrição de Bosman iria influenciar não apenas outros relatos de viagens à África, mas também teóricos e filósofos como Kant, Hume, Voltaire e Hegel, que iriam se servir do contraste fornecido pela noção de fetichismo para descrever a sociedade européia como a realização de uma sociedade regida pela ciência, pela compreensão correta das leis causais, pela lei e pelo contrato, e não, como as sociedades africanas, pela ignorância, pela superstição e pela irracionalidade. Mas foi num texto de 1757, do francês Charles de Brosses (*Du culte des dieux fétiches, ou Parallèle de l'ancienne Religion de l'Egypte avec la Religion actuelle de Nigritie*) que, "a palavra 'fetichismo' foi primeiramente cunhada e proposta como um termo teórico geral para a religião primordial da humanidade" (PIETZ, 1988, p.118). A designação de "fetichismo" servia, em Brosses, como em outros pensadores europeus do século XVIII e

XIX (Hegel, Comte) para fixar uma espécie de grau zero da religião, um estágio primitivo em contraste com o qual se colocavam as "verdadeiras" religiões: "foi a distinção entre 'fetiches' e 'deuses', e uma crença na prioridade histórica dos primeiros, que levaram Charles de Brosses, em 1757, a cunhar o termo *fétichisme* como forma de contraste com o termo 'politeísmo'" (Pietz, 1987, p.40). A caracterização que Hegel faz do fetiche em sua *Filosofia da história* tipifica essa fase final da genealogia do fetiche, antes que pensadores como Marx e Freud o recuperassem como forma de crítica cultural:

> A peculiaridade do caráter africano consiste no fato de que lhe falta o princípio que naturalmente acompanha *nossas* idéias — a categoria da Universalidade. Os africanos adoram a primeira coisa que lhes aparece no caminho (...). No fetiche, manifesta-se uma espécie de independência objetiva, em contraste com a vontade arbitrária do indivíduo (...). Um tal fetiche não tem independência como objeto de adoração religiosa; tem ainda menos independência como obra de arte; trata-se meramente de uma criação que expressa a escolha arbitrária daquele que o fabrica (...) (Hegel, apud Pietz, 1985, p.7).

Etimologia do fetiche

Como vimos, "fetiche" é a forma aportuguesada do francês *fétiche* que, por sua vez, veio da palavra portuguesa "feitiço", por meio de sua forma fonética pidgin usualmente grafada como *fetisso*. É na palavra "feitiço", pois, que devemos buscar sua origem etimológica. Não devemos supor nenhuma continuidade nem permanência no significado implicado em sua etimologia: na sua migração para o contexto intercultural da costa africana, seu significado inicial sofreu transmutações, translações e traduções. Uma pequena análise de sua etimologia, entretanto, pode ser útil para os objetivos da crítica cultural em geral e, mais especificamente, para os objetivos da crítica cultural do currículo como a que se pretende fazer neste ensaio. Sua etimologia pode esconder insuspeitadas utilidades.

Em geral, atribui-se a origem de "feitiço" ao latim *factitius*, o particípio passado de *facere*, fazer. *Factitius* é, pois, coisa feita, fabricada. Esse caráter fabricado, por sua vez, pode ser desdobrado em dois pares de diferentes oposições semânticas. Em um deles, o "feito" refere-se àquilo que é fabricado pelo ser humano, em oposição àquilo que existe na natureza. No outro, *factitius* designa um objeto falso, falsificado, em oposição a um objeto genuíno, verdadeiro.

As duas conotações convivem tanto no "feitiço" original do medievo português, quanto no "fetiche" africano. O feitiço e o fetiche são, no eixo do primeiro binário, coisas feitas pelo ser humano — em oposição, aqui, não à natureza, mas àquilo que pertence, de direito, à esfera divina e transcendental. Além disso, no eixo do segundo binário, o feitiço e o fetiche são coisas falsas, falsificadas — em oposição, no registro religioso, às verdadeiras divindades.

Os dicionários portugueses mais antigos registram esse duplo sentido. O *Novo Diccionário da Língua Portuguesa*, de Eduardo de Faria, de 1852, registra, em separado, duas definições. A primeira define feitiço (substantivo) como "cousa feita por arte mágica, encantamento; (fig.) encanto". A segunda define feitiço (adjetivo) como "feito por artifício; fingido; simulado" (p.69). Definições semelhantes, mas com algumas variações esclarecedoras, são dadas pelo *Grande Diccionário Portuguez ou Thesouro da Língua Portuguesa*, de Domingos Vieira, de 1873. O adjetivo "feitiço" é definido como "artificial, falso, fingido, que não é natural", enquanto o substantivo significa "bruxaria, sortilégio, necromancia, philtro, encanto, magia (...). Figuradamente: cousa que encanta, agrada, fascina" (p.623). Um dicionário mais recente, o de Laudelino Freire, de

1954, registra também duas definições em separado. Na primeira, "feitiço" é também adjetivo, significando, "fingido, artificial; falso, postiço, fictício". Na segunda, feitiço é substantivo, significando "sortilégio, malefício de feiticeiros; objeto a que se atribuem propriedades sobrenaturais; fascinação; cousa que encanta, que fascina" (p.2524). Outros dicionários consultados (Figueiredo, Silva) repetem praticamente essas mesmas definições.

Essa breve incursão pela etimologia do fetichismo já permite vislumbrar algumas de suas potencialidades para a crítica cultural do currículo. Num cenário de crítica cultural dominado pela hipótese construcionista ("o mundo social é um constructo"), um conceito como o de fetiche, que na sua origem etimológica guarda segredos de "coisa feita", que mistura o social e o natural, que confunde coisa e gente, apresenta uma série de possibilidades. Além disso, é parte de sua etimologia, como se vê nas definições transcritas, bem como de sua história no terreno intercultural da colonização da África, uma inerente ambigüidade. Como repetem as definições acima, feitiço é sinônimo de coisa que "encanta, fascina, agrada". Esconde-se na outra acepção registrada, de malefício e de superstição, a rejeição ao estranho, ao outro. São essas possibilidades e essas ambigüidades do fetiche que serão aqui exploradas como forma de crítica cultural.

O FETICHE DA MERCADORIA

Ao retomar a metáfora do fetiche para criticar a economia capitalista, Marx efetua uma série interessante de deslocamentos, de transformações e de inversões no significado até então atribuído ao termo. Originalmente, a noção de "fetichismo", como vimos, foi utilizada pelos comerciantes coloniais para ridicularizar e desacreditar o valor supostamente indevido atribuído pelos africanos a objetos que, do ponto de vista europeu, nada valiam. Em troca, os únicos objetos a que se podia atribuir valor no espaço mercantil criado pelos comerciantes europeus eram precisamente aqueles objetos que tinham valor comercial. Essa incomensurabilidade entre diferentes sistemas de interação com as coisas não era exclusividade desse encontro com os africanos, tendo estado presente também, por exemplo, na conquista da América, mas ganha relevo na zona de contato africana precisamente por causa do peso explicativo, na epistemologia européia da colonização africana, de um conceito como o de "fetiche". As coisas a que os povos colonizados atribuíam um poder extraordinário, não passavam, para os europeus, de simples "quinquilharias", de pouco ou nenhum valor comercial.

Esse é o primeiro deslocamento efetuado pela análise marxiana. De forma inversa ao que ocorrera na zona de contato colonial africana, aqui é o valor de troca das coisas que é considerado, de alguma forma, frente ao seu valor de uso, "indevido" e "ilegítimo". Também aqui Marx põe o capitalismo de ponta-cabeça. A mercadoria passa, na crítica de Marx, de "outro" do fetiche a fetiche ela mesma.

Há, na análise marxiana, entretanto, um outro e importante deslocamento. Como destaca Pietz (1985, p.7), uma das características do fetiche "original" é sua irredutível materialidade. O fetiche, diferentemente do ídolo, não representa alguma entidade que lhe seja exterior e que lhe transcenda. Na distinção feita por Pels, na idolatria o espírito está *na* coisa; no fetichismo o espírito é *da* coisa. A força espiritual do fetiche é dele mesmo e não de algo que ele apenas representa. Assim, o fetichismo original, aquele atribuído pelos europeus aos africanos, é fundamentalmente sensual, concreto, palpável, físico. O fetiche original pertence, legitimamente, ao mundo das coisas. Já o fetiche da mercadoria é, fundamentalmente, abstrato, desencarnado, transcendental.

Como diz Marx, na seção 4 do capítulo I de *O Capital*, não existe nada de misterioso, de místico, de transcendental ou teológico nas coisas enquanto objetos que podem ser usados: para sentar, como uma cadeira; para proteger do frio, como um casaco; para alimentar, como um pão. Elas estabelecem uma relação direta, sem mediação, com os sentidos, seja para aplacar uma urgência, uma necessidade, seja para, simplesmente, dar prazer. É quando as coisas aparecem não como objetos que podem ser usados mas como objetos que podem ser trocados que o seu caráter sensual, físico, material, torna-se irrelevante. Quando cadeira e casaco se confrontam no mercado como objetos que podem ser trocados segundo alguma fórmula de equivalência (2 cadeiras por 1 casaco, por exemplo), não tem nenhuma importância, a não ser como condição prévia, claro, o fato de que tenham utilizações distintas. Para o capital, para o mercado, não há nenhuma diferença qualitativa entre um livro e um sabão. Essa equivalência qualitativa entre livro e sabão é uma abstração, não pertence ao mundo dos sentidos e das coisas sensíveis, uma abstração que resulta precisamente do funcionamento de uma sociedade centrada na troca de mercadorias.

Na análise marxiana do fetiche da mercadoria, pois, o foco não é, como no fetichismo "original", uma coisa cujo caráter enigmático resulta do esquecimento de que seu poder extraordinário é criação do próprio fetichista, mas uma abstração cujo caráter enigmático resulta das características do funcionamento do mercado. O que se esquece, o que se esconde, no fetichismo da mercadoria é que o mercado é uma criação humana e que o valor de troca da mercadoria é resultado de trabalho humano. Estão envolvidos, no fetichismo da mercadoria, dois movimentos inversos de transfiguração: uma relação originalmente social, entre pessoas, manifesta-se como relação entre coisas; essa relação entre coisas, por sua vez, apresenta-se como se fosse uma relação entre pessoas, uma relação social. Há uma "coisificação" e uma "personalização".

É verdade que Marx, ao efetuar essas inversões, voltou o fetiche contra o "feticheiro". É verdade que, para Marx, o problema, como diz Peter Stallybrass, "não era o *fetichismo*, mas o fetichismo da *mercadoria*" (STALLYBRASS, 1998, p.184) ou, na paráfrase que Pietz (1998, p. 248) faz da afirmação de Stallybrass, "para Marx o problema não era que o capital é um fetiche, mas que o capital era um fetiche demasiado pobre". O fetiche em Marx não perde, entretanto, sua conotação negativa. Na verdade, ao colocar o fetiche no núcleo da produção capitalista, Marx inaugurava um procedimento metodológico que iria se tornar central às ciências sociais das décadas subseqüentes. Marx, ao utilizar o fetiche como metáfora, havia estendido seu significado original: as ciências sociais iriam, no século seguinte, torná-lo ainda mais elástico. O fetichismo iria servir para designar o ato social fundamental que torna possível, precisamente, a existência de uma ciência social, isto é, aquele ato pelo qual as pessoas tomam como fato, como coisa, aquilo que não passa de artefato de sua própria criação. Esquecendo-se do ato de criação, passam a atribuir àquilo que criaram um poder transcendental, fetichizado. O fetichismo adquire, assim, um significado consideravelmente ampliado. A tarefa da ciência social consistiria precisamente em denunciar, em revelar, em expor, esse fetichismo mais amplo, generalizado. A ciência social seria, assim, uma ciência do fetichismo.

Intermediariamente, seria, entretanto, a própria mercadoria que adquiriria, na análise pós-marxiana, uma mais-valia de fetichismo. Para Marx, em *O Capital*, o fetichismo tem um sentido restrito, um sentido, por assim dizer, "técnico". A única mágica envolvida é aquela que faz com que se esqueça que a mercadoria é produto do trabalho humano, de relações sociais. O fetichismo, aqui, consiste em tomar como sendo uma relação entre coisas aquilo que é, na verdade, uma relação entre pessoas, uma relação social. Pode-se dizer que o fetichismo analisado por Marx é um fetichismo da produção. Com a generalização do mercado, com o desenvolvimento das técnicas de indução ao consumo, parecia razoável aplicar à análise da esfera do consumo algumas daquelas características próprias do fetichismo original — características que Marx havia deixado de fora em sua peculiar utilização do termo: o encanto, a sedução, o fascínio exercidos pela mercadoria sobre seu possível consumidor. Benjamin foi provavelmente um dos primeiros a descrever essa atração da mercadoria em sua original análise das vitrines e das galerias parisienses da segunda metade do século XIX:

> Se a mercadoria tivesse uma alma (...) esta seria a mais plena de empatia já encontrada no reino das almas (...). O que fala aqui é a própria mercadoria, e essas últimas palavras dão realmente uma noção bastante precisa daquilo que ela murmura ao pobre-diabo que passa diante de uma vitrine com objetos belos e caros. Estes não querem saber nada dele; não sentem nenhuma empatia por ele. Aquilo que fala (...) é o próprio fetiche. (...) A mercadoria (...) retira o mesmo efeito [que a droga] da multidão inebriada e murmurante a seu redor. A massificação dos fregueses que, com efeito, forma o mercado que transforma a mercadoria em mercadoria aumenta o encanto desta para o comprador mediano (BENJAMIN, 1994, p.52-3).

O fetichismo aqui descrito por Benjamin só tem em comum com o de Marx o fato de estar referido à mercadoria. O fetichismo da mercadoria de Marx descreve um esquecimento, uma operação de ocultamento, uma deficiência cognitiva. O fetichismo descrito por Benjamin descreve, em troca, um desejo, uma ânsia, um anseio, uma deficiência afetiva. O fetichismo da mercadoria de Marx é abstrato, transcendente, imaterial. O fetichismo da mercadoria de Benjamin é sensual, profano, material. O fetiche de Marx não pode ser tocado: é uma abstração — o mercado. Entre o fetiche de Benjamin e o guloso e potencial consumidor só se interpõe a vitrine, isto é, seu poder de compra.

A sedução da mercadoria exibida nas vitrines das galerias parisienses do século passado parece bem fraca frente às técnicas de indução ao consumo que iriam ser desenvolvidas no século seguinte, com a publicidade, o marketing, a televisão, as revistas etc. É exatamente o predomínio das estratégias de estímulo ao consumo que inspirará autores como Baudrillard a considerar superado o fetichismo da mercadoria tal como descrito por Marx. Na análise de Baudrillard (s.d), o fetichismo predominante não é o da produção, mas o do consumo. O papel das estratégias de estímulo ao consumo consiste precisamente em atribuir à mercadoria significados que extrapolam seu estrito valor de uso. O fetiche efetua, aqui, mais uma de suas múltiplas metamorfoses. No fetichismo do consumo, é de novo uma abstração que se torna objeto da adoração do fetichista. O desejo do fetichista está dirigido aqui para os signos que a publicidade cola às mercadorias: não o cigarro em si, mas a "liberdade", a "esportividade" que o cigarro dá; não o carro em si, mas o *status* e o poder que lhe são associados; não o refrigerante em si, mas a "juventude" que vem junto com ele; não a calça *jeans*, mas a "sensualidade" e o "erotismo" que são adquiridos pelos que a vestem. Aqui, como nos outros fetichismos, o fetichista aparentemente retira sua satisfação diretamente da coisa, mas o que, na verdade, arrasta, seduz, arrebata o fetichista é aquilo que, no fetiche, é intangível, inatingível. É nisso precisamente que consiste seu fascínio. No fetichismo da mercadoria centrado no consumo, o fetiche adquire um poder quase sexual: ao objeto do desejo é atribuída uma presença que, no entanto, sempre lhe escapa. Provavelmente, esse fetichismo tem, na verdade, mais afinidades com o fetichismo de Freud que com o de Marx.

O FETICHISMO SEXUAL

Não foi Freud, na verdade, quem inventou o fetichismo sexual. Implícita ou explicitamente, o tema do fetiche sexual já vinha circulando na literatura de ficção e na literatura médica algum tempo antes dele, desde os anos 1880 e 1890 (NYE, 1993). Foi Alfred Binet quem primeiro chamou de "fetichismo" o fenômeno pelo qual certas pessoas (homens, primariamente) tomavam como objeto de excitação sexual certos objetos inanimados ou certas partes do corpo feminino (NYE, 1993, p.21). Mas foi, sem dúvida, Freud quem acabou por lhe dar a descrição e a explicação que iam caracterizar a carreira do fetichismo nas ciências da alma humana. As passagens em que Freud se ocupou do fetichismo são, entretanto, bem escassas, em proporção à importância que o fetiche sexual veio depois a adquirir. Isso se deve, provavelmente, ao fato de que o fetichismo é considerado, no edifício teórico freudiano, como uma perversão e um desvio, relativamente inconseqüentes, em contraste com as neuroses e com outras perturbações psíquicas ligadas à repressão.

A história do fetichismo sexual contada por Freud é relativamente simples. Ela está estreitamente ligada à teoria do complexo de Édipo e à idéia de castração. Como sabemos, a teoria desenvolvida por meio do conceito de complexo de Édipo diz respeito aos processos pelos quais Joãozinho se torna um homem: um adulto heterossexual. Inicialmente, Joãozinho ama mamãe, nisso identificando-se, sem problemas, com papai. Trata-se de um triângulo harmonioso e feliz: "*papa, maman, moi*" (DELEUZE E GUATTARI) Essa união, entretanto, dura pouco. Logo, logo, ela se dissolve em conflito: Joãozinho passa a ver papai como um competidor e a querer com exclusividade o amor de mamãe. Nesse meio tempo, Joãozinho vislumbra o sexo de mamãe. Surpresa: mamãe não tem um pênis como o dele. No lugar onde ele deveria estar há uma ferida: o pênis de mamãe foi cortado, mamãe é uma castrada. Naturalmente, papai, o competidor, é o culpado. Mas o pior é que Joãozinho teme que papai faça o mesmo com seu precioso apêndice. É apenas natural que Joãozinho odeie papai. Se tudo der certo, entretanto, com o tempo Joãozinho vai superar esse conflito: vai aceitar a castração de mamãe como diferença sexual e voltará a se identificar com papai, transferindo seu amor por mamãe por uma outra mulher. Tendo passado, com sucesso, por todo esse doloroso drama, Joãozinho é, agora, João: um adulto heterossexual — normal.

Há duas maneiras pela qual a coisa toda, entretanto, pode desandar. Numa, Joãozinho, aceitando a castração, pode continuar se identificando, castradamente, com mamãe, adquirindo uma identidade homossexual. Na outra, Joãozinho não consegue sair de um doloroso dilema: contrariamente à resolução normal, ele não consegue superar a visão e o "conhecimento" da castração. Trata-se de uma realidade horrível com a qual terá de conviver, mas Joãozinho, espertamente, arquiteta a solução perfeita: está bem, mamãe é castrada, mas ele se recusa a vê-la assim e inventa um pênis para mamãe. De forma conveniente, esse pênis substituto é, em geral, precisamente aquele objeto ou parte do corpo que se coloca, naquele momento de vislumbre, entre o olhar de Joãozinho e o sexo de mamãe: o pé, o sapato, roupas íntimas, pelo/pele — um fetiche. O João em que se transforma esse Joãozinho é um fetichista.

Nesse contexto, é evidente que Freud continua a tradição de atribuir ao conceito de "fetichismo" uma conotação depreciativa. Tal como em Marx, o rótulo de "fetichista" é, aqui, aplicado não à religião primitiva dos africanos, mas aos fantasmas e às fantasias da própria sociedade européia "civilizada". O fetichismo é, aqui, uma perversão, um desvio da subjetividade heterossexual normal. Além disso, talvez em um sutil contraste com Marx, as coisas são, aqui, em oposição às pessoas, sumariamente vilipendiadas. A subjetividade adulta normal é aquela que se desenvolve de forma autônoma relativamente às coisas. O fetichismo é, pois, claramente, algo negativo.

Há na descrição que Freud faz do fetichismo, entretanto, uma característica que pode ser interessante para a crítica cultural simpática à idéia do fetiche. A operação pela qual nosso pequeno herói, Joãozinho, acaba se fixando no fetiche, é uma operação epistemológica fundamentalmente ambígua. O fetichismo, tal como descrito por Freud, introduz um elemento de ambigüidade e de instabilidade no centro do ato de conhecimento. Embora ligado a uma suposta perversão, a forma de conhecimento envolvida no fetichismo sexual talvez seja mais normal e mais comum do que parece à primeira vista. O fetichista de Freud sabe que mamãe é castrada ("não tem pênis"), mas, *ao mesmo tempo*, se recusa a acreditar nisso: atribui-lhe, portanto, um pênis "artificial". Na fórmula de Octave Mannoni (1973, p.9), "ele sabe, mas mesmo assim...". Ele se divide entre, de um lado, a afirmação da "realidade" e, de outro, a sua negação: entre o conhecimento e a crença, isto é, entre aquilo que "é" e aquilo que ele quer acreditar. Da perspectiva da crítica cultural, não seria a forma de conhecer do fetichista freudiano, do Joãozinho eternamente dividido entre o que ele sabe e o que ele quer acreditar, mais interessante que a forma de conhecer do outro Joãozinho, o bem comportado? É precisamente essa indecisão do conhecimento que está no centro da idéia do fetiche sexual que vai ser explorada pela arte visual contemporânea, os surrealistas à frente, e pela análise fílmica.

O FETICHE NO CAMPO DA VISÃO I:
AS ARTES VISUAIS

Enquanto as ciências sociais e as ciências sexuais se limitam a inverter a acusação de fetichismo, preservando, entretanto, o tom negativo e a vocação iluminista de denúncia do culto fetichista, as artes visuais têm adotado uma atitude mais ambígua e irônica para com o fetichismo. Nas artes visuais contemporâneas, essa atitude pode ser observada, provavelmente pela primeira vez, no surrealismo.

Em primeiro lugar, uma das estratégias utilizadas pelos surrealistas consistia em se voltar para outras culturas como forma de crítica da cultura ocidental. Tal como a etnologia francesa que se estabelece na mesma época e com a qual eles mantinham pontos de contato, eles fincavam uma cunha relativista no processo de avaliação e de apreciação cultural: nenhuma cultura vale mais que outra. Essa crítica surrealista à atitude prepotente do colonizador europeu e à conotação depreciativa do fetichismo é ilustrada por sua reação à *Exposição colonial*, realizada em Paris, em 1931, como forma de celebração da expansão colonial francesa. Em conjunto com o Partido Comunista Francês, os surrealistas organizaram uma espécie de *Contra-exposição* (ADES, 1995, p.68). No relato de Ades, os surrealistas se juntaram à campanha anticolonial para denunciar como mitos as formas pelas quais manifestações artísticas dos povos colonizados eram apresentadas como demonstração de relações harmoniosas entre a França e suas colônias. Além de distribuir um panfleto intitulado "*Ne visitez pas l'exposition coloniale*", os surrealistas prepararam uma exposição intitulada *La vérité sur les colonies*. Essa exposição mostrava uma vitrine intitulada "Fetiches europeus", que incluía uma imagem católica da Virgem Maria com seu Filho e uma caixa de coleta de dinheiro na forma de uma criança negra. Nas palavras de Ades (1995, p.68), o uso do termo "fetiche" nesse contexto é duplamente provocativo: "Ao descrever esses objetos europeus como fetiches, os surrealistas denunciam os pressupostos ideológicos ocidentais por trás do termo; ao redirecionar o alvo do fetichismo na direção contrária — para coisas ocidentais — eles as desfamiliarizam e as desvelam".

São, entretanto, os chamados "objetos surrealistas" que sintetizam de forma mais apropriada a atitude surrealista para com as coisas e para com os fetiches. É aqui que os surrealistas combinam as três concepções centrais do fetiche (a antropológica, a sexual e a marxista), devidamente transfiguradas pelo seu próprio — irônico e ambíguo — tratamento.

O deslocamento de objetos de seu contexto usual, bem como a justaposição inesperada de objetos que normalmente não seriam vistos ou postos juntos, eram estratégias comuns pelas quais os surrealistas colocavam em xeque formas de percepção tidas como naturais. A imagem surrealista por excelência é sintetizada pela frase de Lautréamont nos *Chants de Maldoror*: "o encontro acidental de um guarda-chuva e de uma máquina de costura numa mesa de dissecção" (Jay, 1994, p. 185). A imagem junta as duas estratégias: dois objetos aparentemente incongruentes e sem nenhuma relação são reunidos num contexto que não é o seu contexto usual. A imagem mental de Lautréamont encontra, talvez, sua realização mais aproximada nos *ready-mades* de Marcel Duchamp: uma peça cerâmica de mictório, uma roda de bicicleta, um porta-garrafas, são retirados da circulação comercial ou do contexto em que normalmente se encontram e são simplesmente colocados — numa posição levemente modificada — no contexto em que normalmente se encontram "legítimos" objetos de arte. Nessa relação lúdica com os objetos ordinários, com a materialidade das coisas, os surrealistas efetuam uma operação de desfetichização sem, entretanto, lançar um olhar de desprezo, superior, ao fetiche. Dependemos mais das coisas do que pensamos, mas nenhuma denúncia do fetichismo de que estamos tomados vai nos tornar, finalmente, livres e autônomos. Nós e as coisas estamos irremediavelmente, irreparavelmente, enleados.

Ao transportar para a arte a descoberta freudiana do inconsciente, os surrealistas embaralham não apenas as relações entre os objetos e as relações desses com seus contextos, mas também as fronteiras entre o real e o imaginário. Na análise de Fiona Bradley, "o maravilhoso, o sonho e a mente inconsciente são, todos, lugares de uma incipiente metamorfose, onde os objetos, os símbolos e os desejos irracionais são submetidos a uma repentina mutação" (BRADLEY, 1997, p.41). Essas metamorfoses e essa mistura ilegítima, promíscua, entre objetos mercantilizados, coisas da natureza, objetos oníricos e da imaginação têm sua mais evidente realização na prolífica arte de Salvador Dali, que foi também quem mais teorizou o "objeto surrealista". Um exemplo, dentre tantos, dos objetos de Dali: um telefone-lagosta, no qual a parte móvel do telefone é substituída por uma lagosta. Para Fiona Bradley (1997, p.44), o objeto que resulta dessa fusão, "sugere que talvez sejamos tolos em tomar como dada a inocência inanimada de nossos telefones". Outro exemplo célebre, o *Objeto (Café da manhã de pele)*, de Meret Oppenheim, de 1936, apresenta um conjunto de xícara e pires revestido da espécie de pele da qual são feitos, normalmente, casacos. O objeto de Meret Oppenheim mexe com alguns dos diversos sentidos pelos quais somos atingidos pelo fetiche. A xícara de pele reúne o prazer oral com o prazer tátil: ela "reinventa um objeto mundano, familiar, como uma fantasia erótica de prazer sexual oral e vaginal" (BRADLEY, 1997, p.44).

A arte surrealista, ao desestabilizar nossa relação usual com as coisas, questiona as próprias concepções correntes sobre o fetiche e o fetichismo. Talvez se possa aplicar ao surrealismo aquilo que Robert Short (1994, p.112) disse particularmente da arte de René Magritte: que nela se expressa uma "nova poesia que dá expressão à esquecida vida latente e às incompreendidas virtudes dos objetos ordinários". Nossa relação com as coisas é muito mais complicada e confusa do que parece. Entre nós e as coisas se interpõem o desejo, o sonho, a imaginação, a fantasia, a irracionalidade. Tudo isso sugere que não é suficiente denunciar — racionalmente, cognitivamente — o fetichismo para que nos vejamos livres dele. O que é ainda mais inquietante é saber que não apenas jamais nos veremos livres do fetichismo, mas que essa libertação não seja, talvez, sequer desejável. Não são apenas as diferentes metamorfoses das coisas que, como na pintura surrealista, se confundem e se misturam: somos nós mesmos que com as coisas estamos misturados e confundidos.

Há, na arte contemporânea, começando com o surrealismo, uma evidente simpatia para com o fetiche e o fetichismo (MALBERT, 1995). Em contraste com a crítica social e cultural, incluindo Marx e Freud, a arte contemporânea abstém-se de denunciar os diferentes fetichismos como produto de uma consciência mistificada ou dividida. Ela tampouco os celebra. Na crítica cultural e social, o fetichismo é criticado por ser irracional; a arte contemporânea joga com o fetichismo justamente por confundir o racional com o irracional. Ao denunciar o fetichismo, a análise social, tal como os europeus em sua interação com os africanos, pretende restabelecer o verdadeiro significado, um único significado. A arte contemporânea, em contraste, ao brincar com o fetiche, busca multiplicar, confundir e embaralhar os significados. Na análise social, a operação de denúncia do fetiche busca restabelecer a autenticidade, a propriedade e a letigimidade. Na arte, ao contrário, joga-se com o fetiche para confundir as fronteiras entre o autêntico e o inautêntico, o próprio e o impróprio, o legítimo e o ilegítimo. Para a arte contemporânea, o fetichismo simplesmente confunde-se com o humano. "Enquanto a tradição sociológica iluminista continuada por teóricos como Bourdieu enfatiza o *status* dos fetiches como ilusões socialmente construídas", lembra-nos Pietz (1996, p.203), "escritores como Leiris, Bataille e Benjamin pretenderam explorar o poder real dos fetiches". Somos todos fetichistas. Melhor, pois, brincar com os fetiches do que denunciá-los.

O FETICHE NO CAMPO DA VISÃO II:
A CRÍTICA DO CINEMA

O fetichismo de Freud é eminentemente visual. É a visão da suposta mutilação sexual da mãe que faz nascer o fetichismo na mente do amedrontado infante. É a visão do fetiche que passa a substituir o órgão mutilado que excita o fetichista. As análises do fetichismo no cinema dependem de uma analogia entre o prazer de ver que está envolvido na formação da sexualidade e o prazer de ver que está envolvido no ato de assistir a um filme. Entre as várias teorizações que utilizaram a psicanálise para analisar o cinema e enfatizaram o papel do fetichismo cinematográfico podemos destacar a de Christian Metz (1980) e a de Laura Mulvey (1989).

Na análise de Metz (1980), o ato de ver um filme tem um componente de voyeurismo e um componente de fetichismo. O cinema implica uma atitude voyeurista na medida em que, tal como no voyeurismo sexual propriamente dito, há uma distância entre quem vê e o objeto da visão. O prazer do *voyeur* depende precisamente dessa distância, de alguma espécie de proteção contra o contato com o objeto: é a proteção que tem, por exemplo, o *voyeur* que espia seu objeto pelo buraco da fechadura ou da janela de um apartamento. No cinema, essa proteção é reduplicada: o objeto não está apenas distante; além disso, ele está ausente.

Metz utiliza o fetichismo freudiano de uma forma bastante seletiva, extraindo-lhe apenas a estrutura epistemológica aí envolvida. O cinema institui uma dimensão fetichista na medida em que, para ser eficaz, depende, como no fetichismo sexual, de um sujeito epistemologicamente cindido. No fetichismo sexual, o fetichista sabe que a mãe não tem um pênis, mas ao mesmo tempo nega esse conhecimento. O fetiche é precisamente aquilo que permite que ele conviva com essa contradição epistemológica. Ele sabe, mas mesmo assim age como se não soubesse, isto é, como se o que ele sabe que existe (a "castração" da mãe = diferença sexual) realmente não existisse. Uma coisa semelhante se passa com o espectador de cinema. Ele sabe que se trata de uma ficção, que o significante cinematográfico representa uma ausência, mas mesmo assim, suspende temporariamente esse conhecimento e se apega à crença de que aquilo que é representação é realmente uma presença. Numa operação um tanto forçada, o fetiche seria, aqui, para Metz, todo o aparato cinematográfico do qual depende, precisamente, essa ilusão de realidade. Apenas muito remotamente poder-se-ia ver o aparato cinematográfico como um objeto que substitui uma suposta ausência, como no fetichismo sexual. Parece que, aqui, o fetichista cinematográfico de Metz se distancia bastante do fetichista de Freud, para o qual o fetiche é precisamente um objeto de substituição. Além disso, para o espectador cinematográfico o aparato fílmico, excetuando-se a tela e talvez o projetor, é uma abstração. Estamos bastante distantes aqui da materialidade do fetiche sexual.

É essa materialidade do fetiche que está ausente também na análise de Laura Mulvey (1989). Mulvey desenvolve sua teoria tendo como foco o cinema hollywoodiano clássico. Para ela, o prazer visual, nesse tipo de filme, produzido como é, numa sociedade patriarcal, estrutura-se em torno de um ativo olhar masculino e de uma passiva imagem feminina. Esse tipo de filme está feito para o prazer visual masculino, tendo a imagem feminina como objeto. Embora exibida para o prazer do olhar masculino, entretanto, a imagem feminina no filme representa também uma ameaça para o homem, na medida em que ativa seus temores inconscientes de castração. O personagem principal masculino desses filmes — com os quais se identifica o espectador masculino — resolve essa ameaça de duas maneiras: ou submete a mulher a um tratamento voyeurista e sadista, punindo-a por ser diferente, ou fetichiza seu corpo, concentrando o olhar numa parte de seu corpo, como as pernas ou os seios, por exemplo. De novo, embora não tanto quanto em Metz, há aqui uma boa distância entre o fetichismo teorizado por Mulvey e o fetichismo freudiano.

Os diferentes fetichismos:
diferenças e similaridades

A utilização do fetiche e do fetichismo tem sido feita, como vimos, de várias formas. Não é de surpreender que o fetichismo marxiano e o fetichismo freudiano tenham várias características em comum com o fetichismo "religioso", partilhando, por sua vez, algumas dessas características entre si. Também não pode surpreender, dadas as diferentes finalidades dessas utilizações, que eles se afastem em vários pontos. Será, por isso, talvez redundante, tentar descrever suas diferenças e semelhanças. Dada a persistência com que essa aproximação tem sido feita na literatura pertinente e os objetivos do presente ensaio, essa descrição pode ter, entretanto, alguma utilidade.

A característica comum mais saliente entre os três fetichismos — o antropológico, o marxiano e o freudiano — é, evidentemente, a materialidade do fetiche. Como o fetichismo original, o fetichismo sexual concentra-se numa coisa, num objeto material. Diferentemente do fetichismo original, entretanto, esse objeto é retirado de um universo mais restrito: focaliza-se numa parte do corpo feminino ou num objeto com ele relacionado. O fetichismo da mercadoria, por sua vez, embora tenha como causa uma abstração, o valor, transfigura-se em objetos bem concretos e sensuais: precisamente, a mercadoria.

Além disso, os três fetichismos dependem de um processo de supervalorização de seus objetos. É disso, aliás, que depende, precisamente, a operação crítica de denúncia do fetichismo, de desfetichização: é apenas porque o fetichista atribui ao fetiche um poder excedente, exagerado, sem fundamento, que o fetichismo pode ser exposto, denunciado e criticado. O fetiche original, antropológico, recebe o sobrevalor primordial, aquele que sobrepassa as forças naturais: um valor sobrenatural. O fetichista sexual atribui ao seu fetiche um valor de satisfação do prazer que, objetivamente, ele não pode cumprir da mesma maneira que aquilo que ele substitui. No fetichismo da mercadoria, o fetichista atribui, indevidamente, a coisas propriedades que pertencem a pessoas: as coisas se tornam sobrevalorizadas relativamente às pessoas.

Finalmente, as três espécies de fetichismo envolvem algum processo de substituição. No fetichismo original, o fetiche não substitui um "deus", como na idolatria, mas está, de alguma forma, no lugar de um poder espiritual, sobrenatural. A substituição está, é claro, no centro da noção de fetichismo sexual desenvolvida por Freud. No fetichismo da mercadoria pode-se dizer que as relações entre as coisas, vistas como mercadorias, estão no lugar das relações entre pessoas.

O FETICHE E A CRÍTICA SOCIAL E CULTURAL

A crítica do fetichismo tem estado no centro da crítica social e cultural contemporânea, da Sociologia aos Estudos Culturais, do Marxismo à Psicanálise. A lógica presente na denúncia do fetichismo religioso permanece essencialmente a mesma. O fetichista, social ou cultural, cria algo a que atribui poderes extraordinários ou que sobrevaloriza, esquecendo-se, depois, de que o fetiche é sua própria criatura. O fetichismo envolve, pois, um ato de criação e um ato de des-reconhecimento. A tarefa da análise social ou cultural consiste em fazer com que o fetichista, por uma reconstrução inversa desse processo, volte a reconhecer o fetiche como criação sua: o fetiche fica, assim, desfetichizado, desmontado, denunciado.

A desfetichização supõe, assim, um ato de esclarecimento, de conscientização, de revelação, de re-conhecimento. Ela é uma espécie de sócio-análise, pela qual um ato recalcado, o ato pelo qual o fetichista cria o fetiche e atribui-lhe poderes extraordinários, volta à consciência. É o que acontece na análise que Marx faz do fetiche da mercadoria. As pessoas que participam das operações do mercado agem como se as mercadorias tivessem vida própria, esquecendo-se de que foram elas quem, antes de tudo, lhes deram essa "vida" ao criar o mercado e ao se relacionarem por meio do mercado. Nesse caso, um ato de re-conhecimento, de tomada de consciência desse fato, não elimina o fetiche, que só desaparecerá com o desaparecimento do mercado, mas permite que se o veja pelo que ele realmente é: uma criação humana, social.

Uma operação similar caracteriza grande parte da sociologia contemporânea. Para tomar um exemplo fora da órbita marxista, é o que ocorre com a influente sociologia de Pierre Bourdieu. O edifício teórico e metodológico de Bourdieu está fundamentado precisamente nas operações inversas da fetichização e da desfetichização. Os "nativos", isto é, as pessoas em sua condição de atores sociais cotidianos, "normais", fetichizam, criam estruturas sociais que passam a dominá-las porque, fundamentalmente, elas deixam de reconhecê-las como sendo sua criação: elas se tornam externas a elas. O cientista social, embora não esteja livre, ele próprio, na vida cotidiana, do fetichismo e da fetichização, tal como o psicanalista, utiliza os instrumentos das ciências sociais para tornar outra vez consciente o ato de criação pelo qual os atores sociais criaram as estruturas que agora os dominam. Esse ato de desfetichização, conduzido pelo cientista social, ajudaria as pessoas a se tornarem menos dependentes de seus fetiches, mais livres e autônomas relativamente à estrutura social.

Os chamados Estudos Culturais, uma das perspectivas de crítica cultural e social mais influentes na atualidade, radicalizaram, de certa forma, a metáfora da dupla operação de fetichização (que caracteriza os "nativos") e de desfetichização (própria da análise social e cultural), ao ampliar o alcance da hipótese construcionista. Bem antes dos Estudos Culturais, a hipótese construcionista tem sido fundamental à análise social clássica. Essencialmente, a hipótese construcionista lembra sempre que as instituições sociais, os "fatos" sociais, as estruturas sociais, os artefatos culturais, as formas de sensibilidade, as mentalidades, as formas de significação, são, em contraste com as coisas da natureza, o produto de atos de construção social. É claro que certos artefatos culturais, como os que se apresentam de forma material e concreta, como uma casa ou uma igreja, são vistos imediatamente como criações sociais, nisso distinguindo-se claramente da natureza. O que é menos claro, e é aqui que a análise social e cultural se torna mais "esclarecedora", é que instituições (como a família e o casamento) ou formas de percepção e de sensibilidade (a forma como diferentes povos concebem a sexualidade, por exemplo) são também o resultado de um processo de construção social.

A hipótese da construção social tende a fazer esquecer o fato de que há diferentes formas de construção social, exemplificadas, aliás, nas diferentes perspectivas de análise social. Há construções sociais que, na teoria, são vistas como construções sem agentes. Não é o caso dos "fatos sociais" de Durkheim, que estava interessado, sobretudo, em distinguir processos individuais, psicológicos, daqueles que não podiam ser, justamente, atribuídos a nenhum indivíduo em particular, mas à sociedade em geral? Na sociologia fenomenológica (Schultz; Berger e Lukman), as construções sociais relevantes são menos macroestruturais, ocorrendo na microestrutura das relações interpessoais. O que é visto como construção social, aqui, são aquelas formas de compreensão e aquelas concepções que só fazem sentido para aquele determinado grupo que as construiu num prolongado processo de interação. Há construções sociais anônimas e construções sociais cuja autoria pode ser mais claramente traçada. A construção das nações, das nacionalidades, das identidades sociais, por exemplo, é feita por uma mistura de ações anônimas com ações de autoria identificável: a criação de símbolos nacionais, a imposição de uma língua nacional, por exemplo, podem ser claramente atribuídas a grupos específicos, a atores sociais identificáveis; já certos traços da identidade nacional, do "caráter" nacional (a suposta "cordialidade" do brasileiro, por exemplo), têm uma fonte menos identificável, mais difusa, mais abstrata e impessoal. Ao abrigar tantos processos diferentes, a expressão "construção social" pode, pois, ser bastante enganadora.

Por influência da chamada "virada lingüística", que caracteriza o pós-estruturalismo, o construcionismo social dos Estudos Culturais está centrado na linguagem. É isso precisamente que o distingue do construcionismo social em geral. Não se trata de uma construção social qualquer, mas daquelas que resultam de práticas e de atos lingüísticos e que resultam em produtos também lingüísticos, discursivos, textuais. A linguagem — num sentido ampliado — é, aqui, o início e o fim do processo de construção social. O exemplo mais evidente é o das análises de Michel Foucault, um dos teóricos de maior influência sobre a área de Estudos Culturais. Na análise de Foucault, o que interessa na crítica da sexualidade contemporânea, por exemplo, são as formas pelas quais se "fala" a sexualidade. Na perspectiva de Foucault, a sexualidade contemporânea é socialmente construída por meio dos discursos sobre a sexualidade. O mesmo se poderia dizer sobre sua análise da loucura ou do sujeito moderno. Sem falar que Foucault estava interessado, sobretudo, não no processo de construção social em geral, mas na construção social de uma coisa bem particular e específica: a verdade.

De uma forma ou de outra, voltamos ao problema do fetiche. Nas suas diferentes formas, o problema do construcionismo social é o problema do fetiche. "Na medida em que o observador científico afirma possuir um método para compreender o fetichismo que não participe, necessariamente, da experiência ilusória que estuda", afirma Pietz (1996, p.200), "o conceito de fetichismo empregado está provavelmente estruturado de acordo com os argumentos da teoria iluminista original". A tarefa do construcionismo social, seja ele marxista, estruturalista ou pós-estruturalista, consiste, como diz, apreciativamente, Hannah Tavares, em "atacar os fetiches" (TAVARES, 1998, p.92). O fetiche, sugere Peter Pels, em sentido contrário, não casa bem com a "nova mágica do construcionismo", "a qual tende a tratar o social como nada mais do que um produto humano e a ver a materialidade da vida social como não mais do que um veículo vazio ou uma representação da intenção e do artifício humano". Para ele, "o fetiche, ou o espírito da matéria em geral, age contra esse idealismo e sugere uma equilibrada materialidade" (PELS, 1998, p.112). Ao fim e ao cabo, a tarefa da análise social e cultural resume-se a restaurar a ordem no mundo, retornando as coisas ao mundo das coisas, as pessoas ao mundo das pessoas, as construções sociais e culturais ao mundo ao qual legitimamente pertencem. Desfetichizar é restabelecer a ordem, delimitar as fronteiras, separar o legítimo do ilegítimo, é distribuir certificados de autenticidade e de identidade, é fazer retornar a lucidez e a razão a um mundo enlouquecido por uma convivência espúria e promíscua entre seres de natureza diferente. E se as coisas não fossem assim tão nítidas, tão claras, tão separadas? Se o fetiche e o fetichismo, em vez de perversões, de desvios, de ilusões, de alucinações, fossem vistos como o estado "natural", "normal", do cultural e do social? Que tal se a cultura fosse encarada precisamente como o território por excelência dos fetiches e dos fetichismos? E mais especificamente, naquilo que interessa ao presente ensaio: e se utilizássemos a metáfora do fetiche para analisar e pensar o currículo?

O CURRÍCULO COMO FETICHE

O currículo é um fetiche. O currículo é um fetiche, antes de mais nada, para os "nativos": alunos, professores, teóricos educacionais. Nesse culto "nativo" do fetiche, o currículo — o conhecimento, a informação, os "fatos" — é uma coisa que se possui, que se carrega, que se transmite, que se transfere, que se adquire. O currículo é uma lista de tópicos, de temas, de autores. O currículo é uma grade. O currículo é um guia. O currículo está num livro, o currículo é um livro. O currículo é, enfim, uma coisa. Na cultura "nativa", o currículo é matéria inerte, inanimada, paralisada, a que se atribui, entretanto, poderes extraordinários, transcendentais, mágicos. Os poderes do fetiche "currículo" vêm do sobrenatural, do incógnito, do sobre-humano, do além. E operam maravilhas, milagres, prodígios. De posse do fetiche — o conhecimento corporificado no currículo — os "nativos" se sentem seguros, assegurados, protegidos contra a incerteza, a indeterminação e a ansiedade do ato de conhecer. O fetiche do currículo conforta e protege. O currículo enfeitiça. O currículo é um amuleto.

Também da perspectiva exterior, da perspectiva do crítico educacional, o currículo é fetiche. Aqui, entretanto, a operação é inversa: não de crença e de ingenuidade, mas de denúncia do fetichismo de que se deixam tomar os praticantes. Para o crítico educacional, o currículo é um fetiche a ser exposto, revelado, denunciado. Não vêem que o currículo — o fetiche — não lhes é algo exterior, que é sua própria criatura? Não percebem que a animação que atribuem às coisas foi-lhes dada, antes de mais nada, por eles próprios? O crítico insiste: aquilo que agora vêem tão-somente como relação entre coisas — o currículo como produto, como coisa pronta — foi, antes de mais nada, numa vida anterior, relação entre pessoas, entre grupos — relação social. Da perspectiva do crítico educacional, o que o fetichista do currículo esquece é precisamente essa vida pregressa — fundamentalmente social — daquilo que ele vê, agora, exclusivamente, no seu presente avatar, como coisa. A tarefa do crítico educacional consiste precisamente em acabar com as mais confortantes ilusões do fetichista do currículo. O crítico educacional restabelece a verdade do fetiche. O crítico educacional desfetichiza o currículo.

O que ocorreria se víssemos o currículo, metaforicamente, como fetiche, mas não de forma negativa, depreciativa, como o crítico educacional, mas de forma positiva, com simpatia? Se em vez de nos concentrar em desfetichizar, nos concentrássemos não apenas em conviver pacificamente com nossos fetiches curriculares, mas também em ativamente produzi-los? Se fôssemos simpáticos aos fetiches — e aos fetichistas? Talvez acabássemos por admitir que o conhecimento corporificado no currículo é muito mais indeterminado do que pensamos. Em vez de supor que simplesmente sabemos ou não sabemos, conhecemos ou não conhecemos, em vez de encarar o conhecimento de uma forma absoluta, poderíamos admitir, talvez, que estamos numa situação semelhante ao do fetichista freudiano: sabemos que é assim, mas sustentamos, ao mesmo tempo, disfarçadamente, a crença contrária.

Conviver com o currículo como fetiche implicaria também em admitir um certo hibridismo, uma certa mistura, uma certa promiscuidade, entre o mundo das coisas e o mundo social. Como argumenta Bruno Latour (1996), torna-se cada vez mais difícil classificar os seres do mundo contemporâneo entre, de um lado, aqueles que são puros produtos de construção social e, de outro, aqueles que existem de forma independente dessa construção, que têm uma existência objetiva; entre, de um lado, aquilo que pertence ao reino do social e do político e, de outro, aquilo que pertence ao reino da natureza e da ciência. Os seres que habitam o mundo contemporâneo estão, inescapavelmente, embaraçados.

Ver o currículo como fetiche significa também admitir uma separação menos nítida, menos categórica, entre ciências naturais e ciências sociais, entre a pedagogia do social e do cultural e a pedagogia do científico. De Marx a Bourdieu, a teoria social crítica defende uma pedagogia crítica e questionadora para o ensino do social e do cultural, visto como campos que dependem da interpretação, e uma pedagogia mais dogmática, mais impositiva, para o ensino das coisas científicas. O que a análise cultural contemporânea tem questionado é precisamente essa rígida separação entre o social, o cultural e o subjetivo, de um lado, e o científico, o natural e o objetivo, de outro. De novo, seguindo Bruno Latour (1996), a paisagem contemporânea é povoada por seres híbridos, por fetiches. Além disso, aquilo que é considerado como fato científico é, ele próprio, uma combinação de algo que já existe, que é, "objetivamente", dado, com algo que é fabricado; não existe ciência sem artefato: "um fato científico designa, ao mesmo tempo, algo que é feito e algo que não é feito (isto é, fabricado e contudo simultaneamente considerado como *não* fabricado)" (TREICHLER, CARTWRIGHT & PENLEY, 1998, p.9). Paradoxalmente, "fetiche" e "fato" têm a mesma etimologia: remetem ambos ao ato de fabricação. O fetiche e o fato, científico ou social, têm, assim, mais coisas em comum do que imaginam os cientistas — sociais ou naturais. O fato científico é um "mestiço". Ver o currículo como fetiche significaria, pois, evitar um currículo esquizofrênico, em que certos tipos de conhecimento são considerados como sujeitos à interpretação, à divergência, ao conflito, enquanto outros são vistos como relativamente independentes de controvérsia e de disputa, como estando ancorados numa referência objetiva, indisputável. Ver o currículo como fetiche é reconhecer as características comuns de todas as nossas formas de conhecimento.

A crítica do fetiche do currículo supõe um corte nítido entre consciência lúcida e consciência alienada. Na crítica do fetiche, como aliás na crítica da ideologia em geral, ou se sabe ou se crê. Não há lugar para clivagens cognitivas, para bloqueios afetivos, para resistências psíquicas. A divisão binária entre consciência lúcida e consciência alienada também pressupõe uma consciência — lúcida ou alienada — que se aplicaria uniformemente a qualquer objeto cognitivo. Ela não admite que eu seja "esclarecido" em relação a certas coisas e pouco "esclarecido" em relação a outras, que eu seja politicamente de esquerda em questões econômicas, por exemplo, mas, ao mesmo tempo, racista ou sexista. Uma certa simpatia para com o fetiche implicaria admitir que a consciência e a subjetividade constituem uma região muito mais cinzenta, dividida, contraditória e ambígua do que supõe sua crítica. Implicaria reconhecer que, como o fetichista freudiano, oscilamos entre o conhecimento lúcido e a crença menos lúcida. Implicaria conviver com essa divisão não como uma perversão, não como um estado necessariamente indesejável, mas como uma contingência das nossas formas de conhecer e de representar.

Seguindo a análise que Metz faz do cinema, podemos ver a estrutura do fetichismo freudiano como sendo particularmente importante para nossa visão do currículo como fetiche. Tomando a estrutura do fetichismo de Freud como paradigmática, os teóricos do cinema vêem o processo de "denegação" (*Verleugnung*) como fundamental para a experiência de ver um filme. Para que um filme funcione é necessário que o espectador, que sabe que se trata de uma ficção, negue temporariamente esse conhecimento e acredite numa identidade entre a representação fílmica e a "realidade". Na interpretação de Metz, modificando a interpretação freudiana, isso não é visto como uma perversão, como algo indesejável, mas como intrínseco à própria experiência cinematográfica. O espectador de cinema sabe, mas age como se não soubesse. Não seria essa estrutura psíquica uma característica de muitas outras formas de saber e de conhecimento? O fetiche, como diz Metz (1980, p.88), "não possui apenas valor de negação, mas também *valor de conhecimento*". Não estamos, quase sempre, divididos entre o saber e a denegação? Não é a denegação o estado natural do saber? Ver o currículo como fetiche, agora no sentido freudiano, nos obrigaria a admitir a contradição entre saber e não-saber, entre o saber e sua negação, como intrínseco ao conhecimento incorporado no currículo.

A tradição iluminista em educação e em pedagogia efetua uma separação muito nítida entre o que é genuíno e o que não é, entre o que é fabricado e o que é autêntico, entre o verdadeiro e o simulado, entre o que é inventado e o que é descoberto. Inventar, fabricar, criar são atividades menores frente às atividades de revelar, de descobrir, de fazer aparecer. As formas iluministas de conhecimento rejeitam tudo o que pode parecer corrompido, distorcido, falsificado: elas abominam o símile e a imitação (STAFFORD, 1993, p.9-12). Na epistemologia dominante, o logos tem precedência sobre a arte como forma de conhecimento. Ver o currículo como fetiche pode ser uma estratégia de subverter essa hierarquia. O fetiche é arteiro, fabricador, inventor, simulador. O fetiche confunde as categorias de falso e de autêntico. O fetiche, propositadamente, falsifica.

Pensar o currículo como fetiche significa também encarar o currículo como uma questão de representação. A operação de desfetichização supõe a transparência do conhecimento, supõe uma identidade entre o conhecimento e a "realidade". A operação de desfetichização pretende de certa forma anular a representação e estabelecer uma conexão direta, sem mediação, com o real. O fetiche, ao contrário, tal como a representação, é uma presença que assinala uma ausência: "o fetiche tem sido tradicionalmente visto como um objeto que permite que aquele que nele acredita mantenha uma fantasia de *presença* mesmo quando todos os sinais apontam para a ausência" (MATLOCK, 1993, p.58). Conviver com o fetiche significa, ao contrário, reconhecer o conhecimento e o currículo como representação. Ver o currículo como fetiche significa não simplesmente descartá-lo como uma forma ilusória de representação, mas como a própria condição da representação. Ver o currículo como fetiche e o fetiche como representação implicaria, pois, não em desfetichizar o currículo, mas, ao contrário, em fetichizá-lo, criar fetiches por toda parte no currículo.

A pedagogia tradicional é realista: baseia-se na hipótese da identidade entre o conhecimento e a "realidade". A linguagem e outras formas de representação estão ali apenas para espelhar, refletir, de forma transparente, a realidade. O currículo tradicional, realista, está baseado nos "fatos". A crítica do currículo tradicional baseia-se na hipótese contrária: o conhecimento corporificado no currículo é uma construção cultural, social. Ele é dependente de suas formas de representação. Para a teoria crítica, o currículo é um "fetiche" a ser desconstruído. Aquilo que para a pedagogia tradicional é um "fato" é visto, pela teoria crítica do currículo, como um "fetiche". Curiosamente, como já vimos, "fato" e "fetiche" estão etimologicamente relacionados. Ver o currículo como fetiche significa rejeitar tanto o realismo da pedagogia tradicional quanto o construcionismo radical da teoria crítica, admitindo, em vez disso, uma convivência, não necessariamente pacífica, entre "fatos" e "fetiches", entre coisas e artefatos.

O fetiche foi, desde o início, problemático por colocar em xeque a autonomia do sujeito: "uma espécie de órgão controlador externo dirigido por poderes exteriores à vontade da pessoa afetada, o fetiche representa uma subversão do ideal do eu autonomamente determinado" (Pietz, 1987, p.23). Do ponto de vista do colonizador europeu e, depois, do crítico social, o fetiche macula a suposta autonomia da subjetividade. Concretamente, a dependência dos africanos relativamente ao fetiche colocava em perigo as próprias relações comerciais coloniais. A disposição dos nativos em entrar em relações de troca dependia, em muitos casos, de uma "decisão" determinada pelos fetiches. No fetichismo freudiano, o desejo do fetichista é literalmente dependente do fetiche. De forma mais geral, a existência do fetiche coloca em perigo a livre determinação do sujeito: ele deixa de se autogovernar para ser conduzido pela "vontade" do fetiche. Ver o currículo como fetiche significa também lançar algumas dúvidas sobre a autonomia do sujeito educacional. Essa autonomia tem sido a pedra angular de todas as teorias pedagógicas — críticas ou não. Nessas teorias o sujeito é visto como fundamentalmente livre: dependendo do ponto de vista, essa liberdade pode estar momentaneamente tolhida, restringida. Parte do trabalho da educação e da pedagogia consiste precisamente em remover os obstáculos que se interpõem entre o sujeito e a liberdade. A existência do fetiche sugere que nossa dependência do fetiche pode ser, em vez de um estado simplesmente contingente, um estado permanente. Ver o currículo como fetiche significa questionar a hipótese da autonomia do sujeito pedagógico. Significa supor uma relação muito mais complicada não apenas entre o sujeito e as coisas, mas, sobretudo, entre o sujeito e as coisas que ele cria — entre o sujeito e seus fetiches.

Finalmente, o fetiche, ao menos o freudiano, está ligado à curiosidade. Na origem do fetiche está um olhar curioso. Falar do currículo como fetiche pode significar restabelecer um elo entre conhecimento e desejo. A vontade de saber pode estar ligada, como argumenta Foucault, à vontade de poder, mas ela está ligada também, por outro lado, ao desejo e à energia erótica. Pensar no currículo como fetiche seria, nesse sentido, também pensar no conhecimento como capaz de, por meio das delícias da curiosidade, causar prazer e gozo. No currículo como fetiche, o conhecimento não poderia ser uma experiência erótica? Ao contrário de uma certa educação sexual centrada numa concepção da sexualidade como informação, pensar o currículo como fetiche generaliza a curiosidade que está no centro do conhecimento sexual para outras formas de conhecimento. Pensar o currículo como fetiche significa introduzir um elemento de erotismo no centro do conhecimento e do currículo.

Em suma, ver o currículo como fetiche significa restabelecer a ambigüidade, a contradição, a indeterminação, significa restaurar a dignidade e a necessidade do fetiche. A metáfora do fetiche nos obriga não a separar o mundo das coisas do mundo das pessoas, mas, como diz Adela Pinch (1998, p.123), "a transitar para lá e para cá, entre coisas e pessoas". Ou, nas palavras de Peter Stallybrass (1993, p.47), "é apenas num paradigma cartesiano e pós-cartesiano que a vida da matéria é relegada à lata de lixo do 'meramente' — o mau fetiche, que o adulto deixará para trás como uma coisa infantil, para que possa perseguir a vida da mente".

A história do fetiche coincide com a história de nossa difícil e conturbada relação com as coisas. As próprias operações tidas como centrais à empresa de uma teoria social crítica expressam essa dificuldade. No empreendimento crítico, naturalizar, fetichizar, coisificar, reificar, constituem procedimentos indesejáveis. Inversamente, o que as ciências sociais fazem é desnaturalizar, desfetichizar, desreificar. Como diz Peter Stallybrass (1998, p.203), "o que fizemos às coisas para devotar-lhes um tão grande desprezo?". A teoria social nos acostumou a ver de forma depreciativa os fatos sociais que se tornaram fetichizados, isto é, sem vida. Mas sugere Peter Stallybrass (1993, p.39), não seria o contrário? Não seria "porque as coisas *não* são fetichizadas que elas continuam sem vida?". A vida social das coisas e dos fetiches é muito mais complicada do que supõem as teorias da desfetichização. Ainda temos de aprender a conviver com nossos fetiches. O fetiche está talvez, numa situação privilegiada, para ligar a natureza e a cultura, o concreto e o constructo, o material e o abstrato, o tangível e o transcendente, o sujeito e o objeto. Em vez de relegar o fetiche para o abominável mundo das coisas, não seria melhor reconhecer o fetiche como pertencendo a um mundo comum em que não há distinção entre as coisas e as coisas feitas? Talvez possamos dizer, relativamente ao fetiche do currículo, aquilo que James

Clifford disse do ato de colecionar objetos artísticos e culturais envolvido na organização de museus: "em vez de apreender os objetos apenas como signos culturais e ícones artísticos, podemos restituir-lhes seu *status* perdido de fetiches — não como espécimens de um 'fetichismo' desviante ou exótico, mas como *nossos próprios* fetiches" (CLIFFORD, 1988, p.229).

O fetiche é pós-estruturalista. O fetiche torna inútil a busca de essências, o fetiche ridiculariza a hipótese de um significado último, transcendental. O fetiche subverte a lógica binária do "ou isso ou aquilo". O fetiche é pós-moderno. O fetiche borra as fronteiras, o fetiche confunde o autêntico com o inautêntico, o legítimo com o ilegítimo. O fetiche coloca em dúvida a autonomia do sujeito. O fetiche é deste tempo. Na era da clonagem, da engenharia genética, da realidade virtual, dos transplantes e dos implantes, dos ciborgues, fica difícil manter não apenas as antigas distinções entre natureza e cultura, entre ciência e sociedade, entre técnica e política, mas sobretudo as distinções entre o humano e o não-humano. "Quem pode ainda dizer com confiança", pergunta Geoffrey Batchen (1997, p.214), "onde termina o humano e começa o não-humano?". O fetiche é pós-humano.

Referências

ADES, Dawn. "Surrealism: fetishism's job". In Anthony Shelton (org.). *Fetishism. Visualising power and desire*. Londres: Lund Humphries, 1995, p.67-87.

ANDERSON, B. Comunidades imaginadas. Reflexiones sobre el origen y la difusión del nacionalismo. México, FCE, 1993.

APTER, Emily e PIETZ, William. *Fetishism as cultural discourse*. Ithaca: Cornell University Press, 1998.

APTER, Emily. "Introduction". In Emily Apter e William Pietz (orgs.). *Fetishism as cultural discourse*. Ithaca: Cornell University Press, 1993, p.1-9.

BARTHES, Roland. *Mitologias*. São Paulo: Difel, 1982, 5ª ed.

BARTHES, Roland. *O óbvio e o obtuso*. Rio: Nova Fronteira, 1990.

BARTHES, Roland. *O prazer do texto*. São Paulo: Perspectiva, 1977a.

BARTHES, Roland. *Roland Barthes por Roland Barthes*. São Paulo: Cultrix, 1977b.

BARTHES, Roland. *S/Z*. Rio: Nova Fronteira, 1992.

BATCHEN, Geoffrey. *Burning with desire. The conception of photography*. Cambridge, MIT Press, 1997.

BAUDRILLARD, Jean. *Simulacros e simulações*. Lisboa: Relógio d'Água, 1991.

BAUDRILLARD, Jean. *Para uma crítica da economia política do signo.* São Paulo: Martins Fontes, s.d.

BELSEY, C. *A prática crítica.* Lisboa: Edições 70, 1982.

BENJAMIN, Walter. *Charles Baudelaire. Um lírico no auge do capitalismo.* São Paulo: Brasiliense, 1994, 3ª ed.

BHABA, Homi K. *The location of culture.* Londres: Routledge, 1994. (*O local da cultura.* Belo Horizonte: Editora da UFMG, 1999.)

BRADLEY, Fiona. *Surrealism.* Cambridge: Cambridge University Press, 1997.

CLIFFORD, James. *The predicament of culture. Twentieth-century ethnography, literature, and art.* Cambridge: Harvard University Press, 1988.

COWARD, R. & ELLIS, J. *Language and materialism. Developments in the semiology and the theory of the subject.* Londres: Routledge & Kegan Paul, 1977.

CRARY, J. *Techniques of the observer. On vision and modernity in the nineteenth century.* Cambridge, MA: MIT Press, 1992.

CRIMP, D. "Portraits of people with aids". In L. Grossberg, Cary Nelson & Paula Treichler (orgs.). *Cultural Studies.* Nova York: Routledge, 1992, p.117-133.

DELEUZE, Gilles e GUATTARI, Félix. *O anti-édipo. Capitalismo e esquizofrenia.* Lisboa: Assírio & Alvim, 1966.

FANON, Frantz. *Condenados da terra.* Rio: Civilização Brasileira, 1979.

FARIA, Eduardo de. *Novo diccionário da língua portuguesa.* Lisboa: Typographia Lisbonense, 1852.

FIGUEIREDO, Candido de. *Novo diccionário da língua portuguesa.* Lisboa: Arthur Brandão, s. d., 4ª ed.

FINGER, A. "Toward a theory of radical disability photography". http://www.inform.umd.edu/EdRes/Topic/Disability/Journals/News/Rag/vol14n06-rag

FISKE, J. *Power plays, power works.* Londres: Verso, 1993.

FOUCAULT, Michel. "Foucault". *Dits et écrits. Volume IV.* Paris: Gallimard, 1994, p.631-6.

FOUCAULT, Michel. "Le discours ne doit pas être pris pas comme...". *Dits et écrits.* v. III. Paris: Gallimard, 1994, p.123-4.

FOUCAULT, Michel. "Questions à Michel Foucault sur la géographie". *Dits et écrits.* v. III. Paris: Gallimard, 1994, p. 28-40.

FOUCAULT, Michel. *A arqueologia do saber.* Rio: Forense-Universitária, 1986. 2. ed.

FOUCAULT, Michel. *Vigiar e punir. Nascimento da prisão.* Petrópolis: Vozes, 1977.

FREIRE, Laudelino. *Grande e novíssimo dicionário da língua portuguesa.* Rio: José Olympio, 1954, 2ª ed.

GAMMAN, L. e MAKINEN, M. *Female fetishism.* Nova York: New York University Press, 1994.

HALL, Stuart (org.). *Representation. Cultural representations and signifying practices.* Londres: Sage, 1997.

HALL, Stuart. "Cultural identity and diaspora". In Jonathan Rutherford (org.). *Identity: Comunity, Culture, Difference.* Londres: Lawrence & Wishart, 1990, p. 222-237.

HALL, Stuart. "The West and the Rest: Discourse and Power". In Stuart Hall & Bram Gieben (orgs.). *Formations of modernity.* Londres: Polity Press & Open University, 1992, p.275-320.

HARAWAY, Donna. *Simians, cyborgs and women: the reinvention of nature.* Nova York: Routledge, 1991.

HEVEY, D. "The enfreakment of photography". In Lennard J. Davis (org.). *The disability studies reader.* Nova York: Routledge, 1997, p.332-347.

JAY, Martin. *Downcast eyes. The denigration of vision in the twentieth-century French thought.* Berkeley: University of California Press, 1994.

JAY, Martin. "The disenchantment of the eye: surrealism and the crisis of ocularcentrism". In Lucien Taylor (org.). *Visualizing theory*. Nova York: Routledge, 1994, p.173-201.

JULIEN, I. & MERCER, K. "De Margin and De Center". In Houston A. Baker, Jr.; Manthia Diawara & Ruth H. Lindeborg (orgs.). *Black Cultural Studies. A reader*. Chicago: University of Chicago Press, 1996, p.194-209.

KAPLAN, E. Ann. *Looking for the other. Feminism, film, and the imperial gaze*. Londres: Routledge, 1997.

LATOUR, Bruno. *Petite réflexion sur le culte moderne des dieux faitcihes*. Paris: Synthélabo, 1996.

LATOUR, Bruno. *Petite réflexion sur le culte moderne des dieux faitiches*. Paris: Synthélabo, 1996.

LENOIR, T. *The naturalized history museum*. Mimeo.

LUTZ, Catherine e COLLINS, Jane. "The Photograph as an Intersection of Gazes: The Example of *National Geographic*". In Lucien Taylor (org.). *Visualizing Theory. Selected Essays from V. A. R., 1990-1994*. Nova York: Routledge, 1994, p.363-384.

MALBERT, Roger. "Fetish and form in contemporary art". In Anthony Shelton (org.). *Fetishism. Visualising power and desire*. Londres: Lund Humphries, 1995, p.89-124.

MANNONI, Octave. *La otra escena. Claves de lo imaginario*. Buenos Aires: Amorrortu, 1973.

MATLOCK, Jann. "Masquerading women, pathologized men: cross-dressing, fetishism, and the theory of perversion, 1882-1935". In Emily Apter e William Pietz (orgs.). *Fetishism as cultural discourse*. Ithaca: Cornell University Press, 1993, p.31-61.

McCALLUM, E. L. *Object lessons. How to do things with fetishism*. Nova York: State University of New York Press, 1999.

METZ, Christian. *O significante imaginário. Psicanálise e cinema*. Lisboa: Horizonte, 1980.

MULVEY, Laura. "Visual pleasure and narrative cinema". In Constance Penley (org.). *Feminism and film theory*. Nova York: Routledge, 1988, p.46-56.

MULVEY, Laura. *Fetishism and curiosity*. Indianapolis: Indiana University Press, 1996.

MULVEY, Laura. *Visual and other pleasures*. Bloomington: Indiana University Press, 1989.

NYE, Robert A. "The medical origins of sexual fetishism". In Emily Apter e William Pietz (orgs.). *Fetishism as cultural discourse*. Ithaca: Cornell University Press, 1993, p.13-30.

PELS, Peter. "The spirit of matter: on fetish, rarity, fact, and fancy". In Patricia Spyer (org.). *Border fetishisms. Material objects in unstable spaces*. Nova York: Routledge, 1998, p.91-121.

PIETZ, William. "Afterword. How to grow oranges in Norway". In Patricia Spyer (org.). *Border fetishisms. Material objects in unstable spaces*. Nova York: Routledge, 1998, p.245-251.

PIETZ, William. "Fetish". In Robert S. Nelson e Richard Shiff (org.). *Critical terms for art history*. Chicago: The University of Chicago Press, 1996, p.197-207.

PIETZ, William. "The problem of the fetish, I". *Res*, n.9, 1985, p.5-17.

PIETZ, William. "The problem of the fetish, II. The origin of the fetish". *Res*, n.13, 1987, p.23-45.

PIETZ, William. "The problem of the fetish, IIIa". *Res*, n.16, 1988, p.105-123.

PINCH, Adela. "Stealing happiness: shoplifting in early nineteenth-century England". In Patricia Spyer (org.). *Border fetishisms. Material objects in unstable spaces*. Nova York: Routledge, 1998, p.122-149.

POLLOCK, Griselda. "Feminism/Foucault–Surveillance/Sexuality". In N. Bryson, M. A. Holly e K. Moxey (orgs.). *Visual culture. Images and interpretations.* Hanover: Wesleyan University Press, 1994, p.1-41.

POLLOCK, Griselda. "Missing women. Rethinking early thoughts on images of women". In Carol Squiers (org.). *The critical image. Essays on contemporary photography.* Seattle: Bay Press, 1990, p.202-219.

PRATT, M. L. *Imperial eyes. Travel writing and transculturation.* Londres: Routledge, 1992. (*Ojos imperiales. Literatura de viajes y transculturación.* Buenos Aires: Universidad Nacional de Quilmes: 1997).

SAID, Edward. *Orientalismo. O oriente como invenção do ocidente.* São Paulo: Companhia das Letras, 1990.

SCOTT, Joan. "Multiculturalism and the politics of identity". In John Rajchman (org.). *The identity in question.* Nova York: Routledge, 1995, p.3-14.

SHELTON, Anthony (org.). *Fetishism. Visualising power and desire.* Londres: Lund Humphries, 1995.

SHORT, Robert. *Dada and surrealism.* Londres: Laurence King, 1994.

SILVA, Antonio de Morais. *Grande dicionário da língua portuguesa.* Confluência, 1953.

SOLOMON-GODEAU, A. *Photography at the dock. Essays on photographic history, institutions, and practices.* Minneapolis: University of Minnesota Press, 1991.

SPYER, Patricia (org.). *Border fetishisms. Material objects in unstable spaces.* Nova York: Routledge, 1998.

STAFFORD, Barbara M. *Body criticism. Imaging the unseen in enlightenment art and medicine.* Cambridge: MIT Press, 1993.

STALLYBRASS, Peter. "Marx's coat". In Patricia Spyer (org.). *Border fetishisms. Material objects in unstable spaces.* Nova York: Routledge, 1998, p.183-207. (*O casaco de Marx. Roupas, memória, dor.* Belo Horizonte: Autêntica, 1999).

STALLYBRASS, Peter. "Worn worlds. Clothes, mourning, and the life of things". *Yale Review*, 81(1), 1993, p.35-50.

STEELE, Valerie. *Fetiche. Moda, sexo e poder*. Rio: Rocco, 1997.

TAVARES, Hannah. "Poststructural feminisms and alter-pedagogical tales". *The review of education/pedagogy/cultural studies*, v. 20, n. 1, 1998, p.77-98.

TREICHLER, Paula A., CARTWRIGHT, Lisa e PENLEY, Constance. "Introduction". In Paula Treicheler, Lisa Cartwright e Constance Penley (orgs.). *The visible woman. Imaging technologies, gender, and science*. Nova York: New York University Press, 1998, p.1-17.

VIEIRA, Domingos. *Grande diccionário portuguez ou thesouro da língua portugueza*. Porto: Ernesto Chardron e Bartholomeu H. de Moraes, 1873.

WALKERDINE, Valerie. "Developmental psychology and the child-centered pedagogy: the insertion of Piaget into early education". In J. L. Henriques et al. (orgs.). *Changing the subject. Psychology, social regulation and subjectivity*. Londres: Methuen, 1984. ("Uma análise foucaultiana da pedagogia construtivista". In Silva, Tomaz T. (org.) *Liberdades reguladas. A pedagogia construtivista e outras formas de governo do eu*. Petrópolis: Vozes, 1998).

WEXLER, Philip. "Structure, text, and subject: a critical sociology of school knowledge". In Michael Apple (org.). *Cultural and economic reproduction in education. Essays on class, ideology, and the State*. Londres: Routledge, 1982, p.275-303.

QUALQUER LIVRO DO NOSSO CATÁLOGO NÃO ENCONTRADO NAS LIVRARIAS PODE SER PEDIDO POR CARTA, FAX, TELEFONE OU PELA INTERNET.

✉ Rua Aimorés, 981, 8º andar – Funcionários
Belo Horizonte-MG – CEP 30140-071

📱 Tel: (31) 3222 6819
Fax: (31) 3224 6087
Televendas (gratuito): 0800 2831322

@ vendas@autenticaeditora.com.br
www.autenticaeditora.com.br

ESTE LIVRO FOI COMPOSTO COM TIPOGRAFIA GARAMOND E IMPRESSO EM PAPEL POLEN SOFT 80 G NA LABEL ARTES GRÁFICAS.
